[意] 玛丽娜·因韦尔尼齐　　[意] 西尔维娅·卡韦纳吉　　[意] 卡米拉·佩里佐利　著

[意] 卢卡·波利　绘　　郑佳宇　译

图说体育

中国友谊出版公司

3...2...1...

出　发！！！

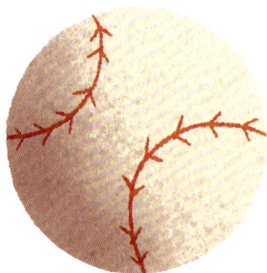

你知道奥运会上曾有过哪些不可思议的比赛项目吗？潜泳就是其中之一。你知道莱昂内尔·梅西（Lionel Messi）在捧起世界杯前拿过多少次冠军吗？答案可能会让你吃惊——高达 32 次！再猜猜看，历史上获奖最多的运动员是谁呢？就是游泳健将迈克尔·菲尔普斯（Michael Phelps）。

体育运动不仅刺激有趣，更蕴含着很多精彩纷呈的故事。从体育运动的诞生到全球风靡，从具有开拓之功的先行者到倍受尊敬的世界冠军……吸引人们热爱运动的理由千差万别。而体育运动之所以会吸引每个人的关注，也可以从运动规则中得到解释。你想知道运动规则是何时形成、如何形成的吗？每一项运动都有其独特与奇妙之处，正因为此，每个人都能找到最适合自己的运动，亲身参与运动并乐在其中。

当然，任何一项运动的训练都不轻松。然而，当你冲过终点线，打出全垒打，完成最后一击，投篮进网……那种满足感，会让人激动得不能自已！接下来我们要向你揭秘体育冠军的心路历程。他们虽然以各自不同的方式投入到各自所选的运动当中，但他们都知道，体育运动中最重要的是全力以赴，遵守规则，尽情尽兴，赢得痛快！

那么你呢？朋友，你准备好了吗？接下来就让我们一起踏上赛场，开启我们的体育之旅吧！

本书收录内容均截至 2024 年 4 月数据。

目 录 CONTENTS

1. 足 球

　　足球无疑是全球最受欢迎的体育运动。2007 年的一项研究显示，全世界共有 2.7 亿人踢足球或从事与足球相关的工作。你能想象吗？这差不多是全球总人口的 4%！

　　哪个大洲的足球运动员人数最多呢？就是亚洲，共有 8500 万名足球运动员。但从百分比来看，足球在欧洲和美洲更加流行，那里的足球运动员人数占到了地区总人口的 7%。

　　通常来说，一支足球队由 11 名运动员组成，但是也有规模更小的球队，尤其是业余级别（比如七人制、六人制或五人制足球比赛）。

数字与大小

- 足球场地宽为 50 米（约 55 码），长为 90 米（约 98 码）。
- 举行国际足球赛事的场地必须严格遵守标准：长和宽分别是 100 米（约 110 码）和 64 米（约 70 码）。允许范围内的最大值是长 110 米（约 120 码），宽 75 米（约 82 码）。
- 球门宽度为 7.32 米（约 8 码），由两根 2.44 米（约 2.6 码）高的门柱和一根叫"横梁"的横杆组成。
- 球门的两侧和后面都是用网封闭的。前面划出的区域就是罚球区，其长度是 16.5 米（约 18 码）。足球是圆球体的，周长在 68 厘米到 70 厘米之间，质量在 410 克到 450 克之间。

比赛规则

1 参赛两队在长方形球场上进行时长为90分钟的比赛。（上下半场各45分钟，中场休息15分钟，再加上伤停补时。）运动员们尽力保持控球权，他们的目标就是把球踢进对方的球门。（"球进了！"欢呼声此起彼伏。）

2 球员可以用身体的任意部分击球，除了手和手臂！但如果球出了界，就需要由球出界前没有碰到球的球队球员用手把球传回场内，这被称为"界外球"。守门员在球门区域之内可以尽情使用双手，不过也有例外：在队友有意将球传给他们时，他们无论在哪里都不能用手触球。

3 如果球沿着球门线出界，那将有两种可能：当攻方球员将球踢出底线时，守方会获得一次球门球机会。反之，如果是守方球员将球踢出了底线，攻方可在球门线与边线之间的角球点将球重新踢入场内。这就是"角球"。

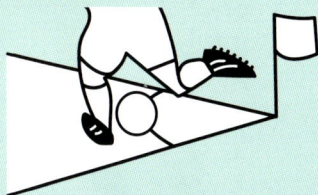

4 比赛中可能会出现犯规或不正当行为，比如推人、绊人——糟糕的是，这在足球比赛中太常见了！这种情况下裁判会判罚从犯规地点踢出任意球。如果队员在本方罚球区内犯规，就会被判罚"点球"：球被放在距离球门11米（约12码）的位置，只能由一名球员在罚球点踢出点球，其他人不能妨碍。这是球员与守门员的直接对决！

5 裁判也可以给予犯规球员红、黄牌进行惩罚。黄牌代表正式警告，如果是更加严重的犯规行为，球员会被红牌罚出场外。被裁判两次出示黄牌的球员也会被罚出场外。

奇闻趣事

据说，世界第一个足球俱乐部——谢菲尔德足球俱乐部，早在 1857 年就创立了，这标志着足球运动在英国的诞生。

不过有证据表明，在遥远的古代，日本、中国、古希腊和罗马帝国的人们，已经玩起了与足球类似的游戏。

在足球史上，只有 4 名球员连续 4 届在世界杯中都有进球，他们是：贝利（Pelé）、乌韦·席勒（Uwe Seeler）、米洛斯拉夫·克洛泽（Miroslav Klose）和克里斯蒂亚诺·罗纳尔多（Cristiano Ronaldo，特别值得一提的是葡萄牙选手罗纳尔多，他参加了 2022 年卡塔尔世界杯，是唯一一位在连续 5 届世界杯中进球的球员）。

别以为守门员只会守卫球门，有时他们也会成为进攻队员并取得佳绩。

三位拥有最高进球纪录的守门员分别是巴西选手罗热里奥·塞尼（Rogério Ceni），巴拉圭选手奇拉维特·冈萨雷斯（Chilavert Gonzalez）和墨西哥选手豪尔赫·坎波斯（Jorge Campos）。

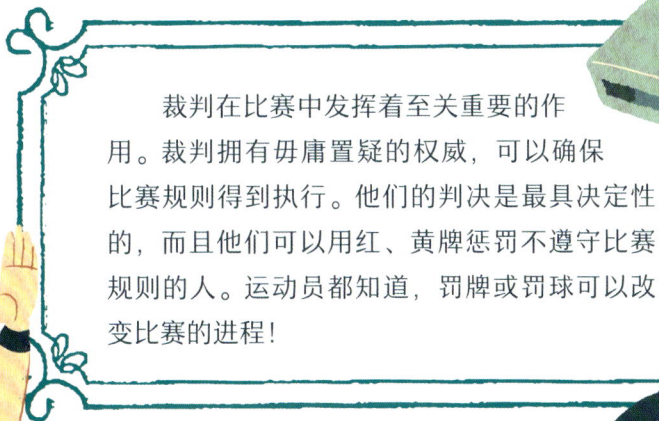

裁判在比赛中发挥着至关重要的作用。裁判拥有毋庸置疑的权威，可以确保比赛规则得到执行。他们的判决是最具决定性的，而且他们可以用红、黄牌惩罚不遵守比赛规则的人。运动员都知道，罚牌或罚球可以改变比赛的进程！

球迷不会忘记土耳其足球选手哈坎·苏克（Hakan Sukur），因为他创造了世界杯历史上最快进球的纪录。在2002年土耳其对阵韩国的比赛中，比赛刚刚开始11秒，他居然就攻入了对方球门！这个纪录至今仍未被打破。

名人堂

贝利（1940—2022）

　　贝利出生于 1940 年，被誉为"20 世纪最佳球员"和"球王"。在所有的足球运动员中，只有他曾 3 次带领巴西队夺得世界杯冠军（1958 年、1962 年和 1970 年）并被评为"20 世纪最佳球员"，也只有他的进球数超过了 1200 个。于驰骋球场之外，他还参演了许多电影，也曾担任纽约宇宙足球俱乐部的名誉主席。贝利至今在体育界依然享有盛名。

弗朗茨·贝肯鲍尔（Franz Beckenbauer，1945—2024）

　　说到创造运动角色，贝肯鲍尔可谓独树一帜，他以自己独特的防守方式塑造了球场自由人这一角色。他被誉为"足球皇帝"，在足球场上可以掌控全场、主导比赛。他曾以队长身份率领联邦德国队获得过世界杯冠军，也曾作为联邦德国队主教练，以主帅身份赢得了世界杯冠军（当时联邦德国与民主德国还未统一）。

约翰·克鲁伊夫（Johan Cruyff, 1947—2016）

荷兰球队曾用"全攻全守战术"彻底改变了比赛，而克鲁伊夫就是其中一员。他风度翩翩，攻守自如，但他并不满足于此，他也是一位出色的教练。他曾作为球员效力于阿贾克斯队，也曾担任巴塞罗那队的教练，先后以这两种不同的身份赢得了欧洲冠军联赛冠军。

米歇尔·普拉蒂尼（Michel Platini, 1955—　）

为了加入一支专业足球队的少年队，还是孩子的普拉蒂尼经历了一番考验。他尝到了失败的痛苦，却没有轻易放弃。下一次进入球队的机会来临时，他成功了。那支球队立即与他签了约，由此开启了他叱咤风云的职业生涯。他获得了傲人的战绩，包括 3 次金球奖。他的任意球技术出神入化，征服了整个世界，发任意球的方式被称为"普拉蒂尼风格"。

迪戈·阿曼多·马拉多纳（Diego Armando Maradona, 1960—2020）

迪戈·阿曼多·马拉多纳出生于阿根廷，人称"金童"（El Pibe de Oro）。他是史上最伟大的足球运动员之一，和贝利一样获得了"20 世纪最佳球员"称号。（你觉得他俩谁更厉害呢？）马拉多纳在 1986 年率领阿根廷队赢得了世界杯冠军，并在对英格兰队的比赛中踢入了被誉为史上最精彩的进球。同场比赛中他还用手进球得分——而且未被判罚犯规！这一事件被称为"上帝之手"。

名人堂

罗伯特·巴乔（Roberto Baggio，1967— ）

巴乔扎着马尾辫，因此被称为"神奇小马尾"（"Divin Codino"），他的声誉完全来自高超的球技。他是意大利国家队最伟大的进攻球员之一，尽管不止一次与世界杯冠军擦肩而过，但他仍是唯一一位在3届世界杯上都有进球的意大利球员。他在1993年获得金球奖。在国际足联的世纪最佳球员评选中，他被球迷评为20世纪第四位最伟大的球员。

罗纳尔多（Ronaldo，1976— ）

巴西球员罗纳尔多真的是他那一代人中的"现象级"选手。尽管他的职业生涯与伤病为伴，甚至受到重伤的困扰，但是与他交锋过的防守球员都认为他"无人能挡"。这对他来说不足为奇，因为他是世界上跑得最快的球员之一。他的跑步速度可以达到36千米/小时！

吉吉·布冯（Gigi Buffon，1978—　）

如果有人可以一直创造并保持纪录，那个人一定是吉吉·布冯。他在意甲联赛中创下了连续 974 分钟（即超过 12 场比赛）不失球的纪录，创下了为国家队出场次数最多的纪录（176 次），创下了参加比赛总次数纪录（超过 1000 次；世界上 25 名能做到这样的球员之一），还创下了参加世界杯次数纪录（5 次）。

克里斯蒂亚诺·罗纳尔（1985—　）

克里斯蒂亚诺·罗纳尔多，也称 C 罗，是一位传奇人物。在他的家乡马德拉群岛上，有一座为他而建的博物馆，还有许多为他而刻的雕像。他在曼联、皇家马德里和尤文图斯队都留下了足迹。他是唯一一位在同一年里赢得欧洲联赛冠军、欧洲锦标赛冠军、世界俱乐部杯冠军和金球奖的球员。这样好的成绩让人不禁感叹他究竟是人还是超人？

莱昂内尔·梅西（1987—　）

梅西身材矮小——他调侃地自称"小跳蚤"，但他充分利用了这一特点，成为世界最伟大的球员之一。作为巴塞罗那队的代表和阿根廷队的队长，梅西是世界上第七大最佳射手。在加泰罗尼亚球队，他赢得了多达 32 个冠军，这使他成为巴萨历史上最成功的球员。他还获得了 5 次金球奖。要问他的痛苦是什么？那就是世界杯冠军来得太迟了（梅西在 2022 年带领阿根廷队夺得世界杯冠军）！

2. 棒 球

　　手套，木制球棒，加上一个带有红色缝线的白球，这就是棒球。尽管世界各地都有人玩棒球，但棒球无疑是美国的终极运动，其地位相当于美国的"国球"。在菱形场地上奔跑的棒球手，不知为多少电影、书籍和电视节目提供了灵感。虽然在 2008 年奥运会之后棒球曾短暂地离开奥运赛场，但是在 2020 年东京奥运会上它又重回赛场。现在我们要来谈谈棒球运动了。你准备好挥动球棒打出全垒打，探索这项特殊运动的所有秘密了吗？

数字与大小

　　• 棒球场上有 4 个垒位。第一、第二和第三个垒位，都是边长 38 厘米的正方形垒包，它们按逆时针顺序编号，内场的这 3 个垒位加上本垒，共同构成边长为 27.43 米的正方形。

　　• 本垒是一块五边形的橡胶板，是由边长为 43.18 厘米的正方形切除两个角后雕制成的。棒球场有 3 个主要区域："内场"（包括 4 个垒，以犯规线和草地线为界），"外场"（内场以外的草地区，以犯规线和一道墙或栅栏为界），"界外区"（犯规线外的全部区域）。

　　• 投手的投球区位于内场中央，是直径为 5.5 米、高度不超过 25.4 厘米的圆形土丘。投手板是一块白色的橡胶板，靠近投球区的中心，它的前端距本垒板后方 18.44 米。

1 棒球是一项持续时间很长的运动。每场比赛有九个回合，分为进攻和防守两个阶段。两个阶段的转换不是靠时间决定的，当防守队淘汰了对方队伍的 3 名球员时，就要进行攻守交换。在顶级比赛中，这可能需要相当长的时间！

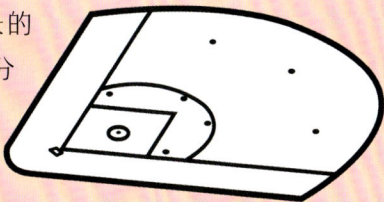

2 运动员的目标自然是比对手得分更多。击球手必须先击球，再放下球棒，按顺序触垒，最后回到本垒，这样才能得 1 分。但他们需要注意的是，如果防守队在此期间拿到了球，防守队员就可以用手中的球触碰击球手，或者锁定他们要去的垒（抢先把球送到那里），以此来淘汰击球手。

3 球员当然不需要一次性触碰所有的垒，毕竟这很难办到。你可以提前停下并护垒、避免淘汰。最重要的是，每次打出好球时，你都要继续前进，腾出垒位，把它留给下一个队友。同一个垒位上不能有多个球员。

4 在进攻阶段，击球手要遵循固定的顺序，这是不能改变的。教练可以利用这一点科学地安排击球手的顺序，最大限度地发挥他们的特长。希望这样的尝试能够成功！

5 投球时，投手必须有一只脚踩在本垒板上，但投球后就可以离开了。他们还需要注意自己投球的方位，如果球飞出了击球区，并且击球手没有挥棒，这就叫"坏球"。四次"坏球"之后，击球手可以自动移动到一垒。

奇闻趣事

击球区

有许多能让击球手出局的方法，其中有一种最出名，同时也最有效，就是三振出局：投手连续 3 次投出球，而击球手无论如何也无法击中球时，就会发生这种情况。这样垒位就不会有被占领的风险！

最好的得分方式是**全垒打**。这指的是击球的力量特别大，球被打得很远，防守队员无法迅速把球接回来，于是击球手就有足够的时间，可以绕着球场踩上所有垒包跑完一圈，这样击球手本人就会获得 1 分。如果全垒打是在所有的垒都有球员的情况下打出的，那就叫**大满贯**，可得 4 分。

说到全垒打，其纪录保持者是巴里·邦兹（Barry Bonds）。在 22 个赛季的职业生涯中，他一共获得了 762 分，仅在 2001 年的一个赛季中就获得了 73 分。

棒球是一项时髦的运动！著名的**尖顶棒球帽**就起源于这项美国运动，而且很快成为世界各地街头随处可见的配饰。

棒球不仅是美国的国球，在日本也很受欢迎。棒球在 1872 年传入日本之后很快就风靡全国。不过直到 1906 年，棒球才成为一项职业运动。在那之前，参加棒球赛是没有奖金的，因为在运动员看来，他们都是出于对这项运动的爱好才参赛，为此接受金钱实在不够光彩。

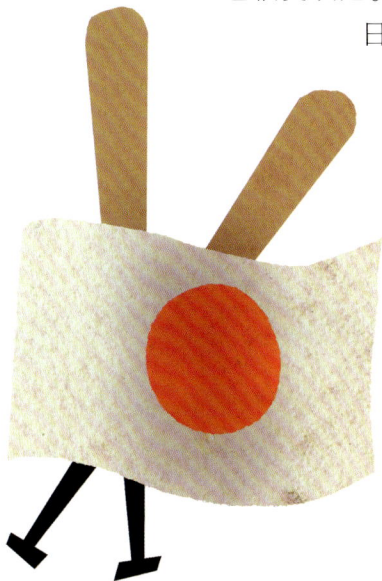

说到棒球，还有件有趣的事，就是垒也有可能被**偷**！这就叫盗垒。盗垒是指跑垒者在没有球棒、失误或任何其他特殊状况的情况下，成功地跑向下一垒的行为（通常是在投手开始将球投到本垒板时就出发）。**瑞奇·韩德森（Rickey Henderson）**是盗垒纪录保持者，他在职业生涯中成功盗垒了 1406 次！

名人堂

泰鲁斯·科布（Tyrus Cobb，1886—1961）

他左手击球，右手投球。人们都叫他"乔治亚桃子"。科布是个急性子，但他却能全心全意地打球，并取得了超乎寻常的优异成绩。虽然历经坎坷，他还是带领底特律老虎队取得了非凡战绩。

沃尔特·佩里·约翰逊（Walter Perry Johnson，1887—1964）

沃尔特·佩里·约翰逊是世界上最伟大的投手之一。在他的职业生涯中，他曾赢得 3 次三重冠，416 场比赛（位居世界第二），并且创造了 110 次绝杀（指不失一分的比赛）。多么惊人的数字啊！

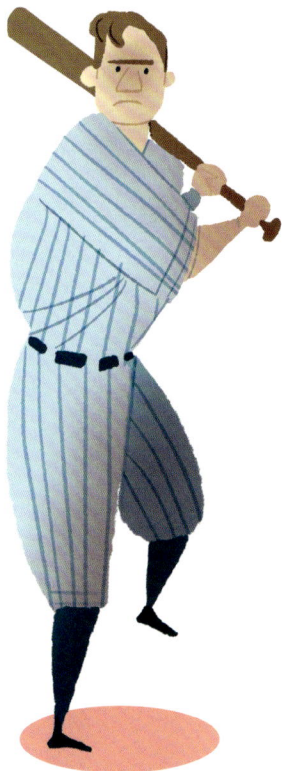

小乔治·赫尔曼·"贝比"·鲁斯（George Herman "Babe" Ruth Jr., 1895—1948）

"贝比"·鲁斯是棒球界的第一位明星，他的击球令投手们心惊胆战。他接受的一些医学检查结果甚至显示他具有超乎寻常的反应能力。他赢得过7次世界大赛，也带领纽约洋基队获得了首次成功。

卢·格里克（Lou Gehrig, 1903—1941）

2130：这是冠军卢·格里克连续参加比赛的场数。卢·格里克受过很多次伤，还饱受"渐冻人症"的折磨，这种疾病后来以他的名字命名，被称为卢·格里克症。无论如何，他都始终坚持着不离开球场。他是坚韧不拔的真正典范。

杰基·米切尔（Jackie Mitchell, 1913—1987）

杰基·米切尔是世界第一批职业女棒球选手之一。多年来，法律禁止球队录用女性，这一规定阻碍了这位专业投手的发展。但是，在被强制退役之前，在与洋基队的友谊赛中，她成功击败了对手"贝比"·鲁斯和卢·格里克。

名人堂

乔·迪马吉奥（Joe DiMaggio，1914—1999）

迪马吉奥是一位出色的棒球手，球迷们都叫他"摇摆乔"，因为他的重击会让对手摇摆不定。他在洋基队获得了9次世界大赛冠军和3届联盟最佳球员。在伍迪·艾伦（Woody Allen）口中，他是少数几个能让生命有价值的人之一，而伍迪·艾伦的这句话也曾在许多经典歌曲中得到引用。迪马吉奥曾经是影星玛丽莲·梦露的丈夫，也是第一位获得总统自由勋章的运动员。他不仅是一位优秀的运动员，更是世间传奇。

小威利·霍华德·梅斯（Willie Howard Mays Jr.，1931— ）

这位棒球手为旧金山巨人队效力了22个赛季，参加过1次世界大赛，创纪录地参加了24次全明星赛和12次金手套赛。然而他获得的最重要的奖项，无疑是奥巴马授予的总统自由勋章。该勋章表彰的是他对民权和平等的贡献。

玛米·约翰逊（Mamie Johnson，1935—2017）

玛米·约翰逊身高只有 1.60 米，因此被叫作"花生"。她是第一位在职业水平上打球的非裔美国女性，也是第一位职业女性投手——而且是全男性球队中的女性投手！永远不要被她柔弱的外表欺骗：她投出的球又快又猛……

铃木一郎（Ichiro Suzuki，1973—　）

铃木一郎是第一位在日本本土取得优异成绩后加入美国联赛的日本球员。他加盟西雅图水手队后，球迷起初认为他身材矮小，不值得投资，但他让所有的人都对他刮目相看，并让球队的防守固若金汤，他也因此多次赢得金手套奖。

王贞治（Sadaharu Oh，1940—　）

在 20 世纪 60 年代到 80 年代期间，王贞治成了日本顶级联赛——日本职业棒球赛的明星球员。他保持着日本职业棒球赛全垒打的纪录：868 个！2006 年，他还带领日本国家队参加了世界棒球经典赛。

3. 橄榄球

橄榄球这项团队运动的核心就是身体接触和对抗：球员们互相追逐，将对方擒抱在地，比赛的组成部分甚至包括"并列争球"！棒球运动起源于19世纪的英国，确切地说，是在1823年。当时，一名学生踢足球踢得不耐烦，突然就抱起球，往对手的球门冲。他的名字叫威廉·韦伯·埃利斯（William Webb Ellis），如今这个名字已经成了传奇。这件事发生在英国的拉格比镇（Rugby），所以橄榄球的英文就是rugby。现在你知道这个英文名是怎么来的了吧？如今开展橄榄球运动的国家已经有120个，但最早热衷于这项运动的国家是英国、爱尔兰、澳大利亚、新西兰、南非和法国。

橄榄球其实有很多种玩法，最普遍的是英式橄榄球：比赛使用一个椭圆形的球，在两队之间进行，每队各派15人上场。在一些国家，比如新西兰、萨摩亚、汤加、斐济、格鲁吉亚和马达加斯加，英式橄榄球已经是国家运动。目前全世界的橄榄球职业球员多达800万，其中200万是女性球员。

数字与大小

• 橄榄球比赛在长方形球场上举行，双方球队各派15名球员上场对战。球场长约100米（110码）、宽约50米（55码），球场两端各有一个约15米（16码）高的H形球门。

• 橄榄球呈椭圆形，长约30厘米。

一场比赛持续80分钟（比赛分两个半场，每个半场的有效时间是40分钟；在受伤、犯规等休息时间，裁判员会停止计时，然后在比赛恢复后继续计时）。

50 m

100 m

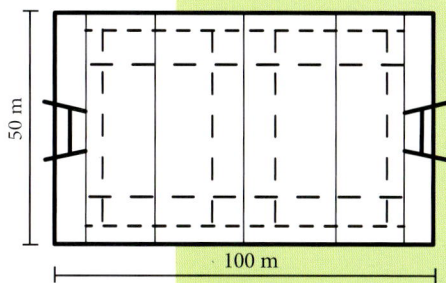

1 与众多团体运动相似，在橄榄球比赛中，参赛者的目标是比对方斩获更多的分数。得分的方法有两种：要么将球踢过对方球门的横杆（横梁），要么完成"达阵"（触地得分）。达阵是指攻入防守方的得分区内，用手持球触地的方式，这将为球队带来 5 分。

2 什么时候可以将球踢过球门呢？球员有 3 次机会：
（A）在达阵之后"转换"，将球送入对方达阵区，得 2 分。
（B）在比赛过程中，球员可以踢球得分，但他们必须先将球弹到地上，这被称为"落地"，完成后可得 3 分。
（C）在对方严重犯规后，球员有机会踢球得分；这里的踢球方式与转换相同，可以赢得 3 分。

3 在比赛过程中，球员必须将球拿在手中，不能让球掉落或把球向前传。这意味着接传球的队友必须始终在持球队员身后（哪怕距离只有几厘米！）。如果一名球员将球向前传出，比赛就会被裁判员叫停，然后以"并列争球"的形式重新开始比赛：球会被放置在球场中央，两队只能通过互相推挤来抢回球权。从看台上望过去，一队的 8 名球员与另一队的 8 名球员挤在一起，就像是一场混乱的打斗，但实际上他们都遵循着极其严格的比赛规则。

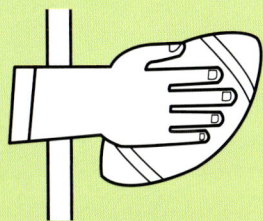

4 如果球出界，比赛将以"触球"重新开始，两队球员将在界外继续比赛。

奇闻趣事

新西兰国家橄榄球队被认为是世界上最强大的橄榄球队。新西兰是唯一一个赢得过 3 次橄榄球世界杯的国家，其橄榄球队的队名是"全黑队"，原因很简单：他们的球衣是全黑的。2016 年，全黑队创造了 18 连胜的纪录。然而，一支小小的队伍——名不见经传的塞浦路斯国家队，竟然刷新了这一连胜纪录，达到了 24 场连胜。尽管塞浦路斯队从未在重大赛事中获胜，也没有战胜过顶尖球队，但谁也不能否认，创纪录就是创纪录！

在新西兰，毛利文化是不可或缺的一部分。早在欧洲殖民者到来之前，毛利人就生活在这片土地上，用舞蹈来讲述他们的神话和传说。全黑队的许多球员都是毛利人的后裔，因此他们会在比赛前表演一种传统舞蹈：哈卡舞。哈卡舞融合了呼喊、跳跃和伸舌头等元素，看起来只是简单的动作组合，却无疑能震慑对手。

在 1872 年，圣诞节当天，一群英国士兵在加尔各答向苏格兰的一个营发起了橄榄球赛的邀约。比赛精彩纷呈，大受公众的欢迎，因此又举办了两次。1877 年，人们用比赛募集到的银币铸造了一个奖杯，供两国球队争夺。这就是加尔各答杯的由来。时至今日，加尔各答杯仍然是两国球队每年交手争夺的对象，这个奖杯由首届比赛中募集的银币制成，它的手柄形状独特，像一条眼镜蛇，杯盖的形状像大象，是充满异国情调的珍宝。

纳尔逊·曼德拉，南非的第一位黑人总统，一生从未打过橄榄球，但他在国际橄榄球名人堂中占有一席之地。1995 年，他成功地克服种族差异，将两个种族的力量凝聚在一起，为南非赢得了橄榄球世界杯的冠军。在约翰内斯堡举行的决赛中，他身穿球队队长弗朗索瓦·皮纳尔（Francois Pienaar）的球衣坐在看台上，心潮澎湃，全场为之沸腾，人们齐声高呼着他的名字。这是南非体育史上最令人感动的瞬间。

菜花耳这个名字似乎很搞笑，却是橄榄球运动员常会遇到的严重伤病。很多摔跤运动员和武术运动员也会出现这种身体问题。由于身体经常受到撞击，许多橄榄球运动员的耳朵都会肿起来，这是因为皮肤和软骨之间的微小血管破裂，导致血液积聚并将皮肤撑开，形成无法自行吸收的口袋。肿胀的耳朵看起来就像菜花，因此得名菜花耳。这绝对不好看！

名人堂

塞尔日·布兰科（Serge Blanco，1958— ）

塞尔日·布兰科将自己的一生都献给了比亚里茨队。他在 15 岁时作为球员加入俱乐部，现在担任俱乐部主席。他赢得了 6 次五国锦标赛（该锦标赛在 2000 年改为六国锦标赛），其中还包括两次大满贯（战胜了所有对手）。因为体育方面的成就，他获得了法国荣誉军团骑士勋章。

乔纳·罗穆（Jonah Lomu，1975—2015）

乔纳·罗穆改变了橄榄球比赛。身高 1.90 米的他，体重 115 千克，能在 11 秒内跑完 100 米（110 码）。这样惊人的速度让他在球场上表现非凡，势不可当。不幸的是，他被诊断出患有肾病，不得不接受移植手术。乔纳·罗穆是全黑队历史上最耀眼的球员，可惜年仅 40 岁就英年早逝，让世人为之叹息。他至今仍被视为最伟大的橄榄球运动员之一。

约翰尼·威尔金森（Jonny Wilkinson，1979— ）

这位英格兰球员在球场内外都被视为楷模。他多次受重伤，但每次都能以惊人的毅力战胜伤病，重返赛场。约翰尼·威尔金森的昵称"威尔科"在英格兰家喻户晓，他深受人们喜爱，甚至被提名为新版 10 英镑纸币的候选人物。在职业生涯中，他一共得了 1246 分，这一成绩仅次于橄榄球史上最优秀的国际射手。2003 年，他带领英格兰队夺得了世界杯冠军，在决赛中的最后一秒，他打进了一个具有传奇色彩的进球，他也因此被封为准男爵。

布莱恩·奥德里斯科尔（Brian O'Driscoll，1979—　）

布莱恩·奥德里斯科尔是地道的爱尔兰人，他的职业生涯相当漫长：在长达 15 年的时间里，他一直是国家队的主力球员！他至少参加了 4 届世界杯比赛，还保持着在六国锦标赛中总共 26 次进球的历史纪录。他在追求体育梦想的同时，还获得了哲学荣誉学位！

里奇·麦克考（Richie McCaw，1980—　）

里奇·麦克考是全黑队的灵魂领袖，创下了传奇性的纪录：在新西兰球员中，他是第一位突破百场国际比赛出场次数的勇士，第一位（也是迄今为止唯一一位）获得百场以上国际比赛胜利的球员。他曾 100 次担任国家队队长，3 次当选年度最佳球员！他还获得了新西兰勋章，这是对其成就的最大认可，因为按照规定，同时拥有这一勋章的人士不得超过 20 人！

丹·卡特（Dan Carter，1982—　）

不要被这位选手亲切的笑容迷惑。一旦踏上球场，他就是冲锋陷阵的作战机器！丹·卡特在国际赛场上创下了最高得分纪录——1598 分！他曾为全黑队赢得两枚金牌，3 次被提名为年度最佳球员。

弗雷德里克·米沙拉克（Frédéric Michalak，1982—　）

尽管这位球员同时效力于法国和南非的俱乐部，但他的内心始终坚守着一个信念：国家队对他来说才是最重要的！作为法国队的球员，弗雷德里克·米沙拉克连续 5 届征战六国锦标赛，并取得了 3 场胜利。他以 77 次出场和 436 分的得分成为法国队的最佳射手。

4. 排 球

　　排球这项团体运动具有一种与众不同的特点：
运动员之间完全没有身体接触。这是不是有些令人称
奇呢？

　　1895 年，美国马萨诸塞州一所学校的体育老师威
廉·摩根（William Morgan）发明了排球，不过在这之
前的两年，德国已经出现了类似的运动，而且球类运
动自古就有，它们可以说是排球的前身。

　　排球在 19 世纪末至 20 世纪初由北美洲传
入南美洲，继而传入亚洲。在第一次世界大战期
间，美军士兵会在闲暇时打排球消遣，排球就这
样在战火硝烟中传到了欧洲。

数字和大小

- 标准的排球场是长方形，尺寸
为 18 米长、9 米宽。球网将球场分
成两个正方形的半场，每个半场边长
为 9 米，面积是 81 平方米。

- 男子比赛球网的最高高度为
2.43 米，女子比赛球网的最高高度为
2.24 米。

- 排球是圆球体的，由真皮或合
成皮革制成，周长为 65 厘米到 67 厘
米，重 260 克到 280 克。

1 在排球比赛中，两队各派出 6 名球员上场，在长方形球场上展开激烈的较量，悬挂在两根杆子之间的球网横亘在球场中央，把球场分成两半。比赛的目标就是在排球触地前将其击打过网，尽量使球落到对方场区上。把球送过球网之前，每队最多触球 3 次，而且同一名队员不能连续两次击球。

2 比赛以发球作为开端，球员从端线后方将球击打过网。比赛一直持续到排球触地或出界为止。赢球的球队获得 1 分，并得到下一次发球权。如果球触网后又反弹回来，该队仍然可以利用剩下的触球机会继续比赛。但是，球员绝对不能触到球网。

3 1938 年引入了"人墙"战术，这是比赛中最精彩的基本战术之一，即使最不了解比赛的球迷也会为之折服。靠近球网的球员会高高举起手臂，挺身跃起，像一堵墙一样在球网上方拦住对手的扣球。人墙可以由一名、两名甚至三名球员组成，他们的目标只有一个，就是使球落到对方场区的地面上。但是如果球被拦在对方球场的界外，得分的则是进攻方。

4 排球比赛采取五局三胜制，也就是说，在五局比赛中，率先赢得三局的队伍获胜，前四局的比赛采用 25 分制，第五局（称为决胜局）的比赛采取 15 分制。在每一局中，获胜的队伍必须至少比对手多得 2 分。

奇闻趣事

世界排球锦标赛每 4 年举行一次。苏联保持着令人瞩目的纪录，一共获得了 5 次男子锦标赛冠军。紧随其后的是意大利和巴西，意大利在 1990 年至 1998 年获得了 3 次冠军，巴西在 2002 年至 2010 年三次问鼎。这些队伍是排球场上真正的王者！

沙滩排球是最有名的排球运动。沙滩排球起源于加利福尼亚的阳光海滩，是那里的人们独特的消遣方式。1996 年，沙滩排球男子比赛和女子比赛均成为奥运会的正式比赛项目。沙滩排球的赛场是长 16 米、宽 8 米的长方形球场，球场表面当然铺满了沙子！球的重量比普通排球更轻，每支球队由两名球员上场，不能使用替补球员，这当然相当有挑战性。沙滩排球比赛的其他方面与传统排球并无二致。

26

美国

苏联

巴西

古巴

中国

　　在奥运会的男子排球比赛中，美国、苏联和巴西各获得了 3 枚金牌。

　　在奥运会女子排球比赛中，除了苏联，古巴、中国也非常成功。苏联获得了 4 枚金牌，古巴、中国各获得了 3 枚金牌。

名人堂

卡奇·基拉伊（Karch Kiraly，1960— ）

　　卡奇·基拉伊与洛伦佐·贝尔纳迪（Lorenzo Bernardi）一起被评为 20 世纪最佳球员。他的排球生涯跨越沙滩排球和传统排球两个领域，并获得过沙滩排球和传统排球的奥运金牌。如今他成了美国女子国家队的教练。

乌戈·孔特（Hugo Conte，1963— ）

　　乌戈·孔特出生于阿根廷，13 岁时就开始打排球和篮球。4 年后，他同时参加了排球和篮球两个项目的省级选拔赛，人们看到了他做出的选择。作为一名全能球手，他在2011 年入选排球名人堂。

安德烈·加尔蒂尼（Andrea Gardini, 1965—   ）

安德烈·加尔蒂尼被誉为有史以来最伟大的中拦网运动员之一。或许正因如此，他在2007年成为第一位荣登排球名人堂的意大利球员。他是20世纪90年代意大利国家队的骄傲，在意大利被称为"现象级人物"。

洛伦佐·贝尔纳迪（1968—   ）

2011年，洛伦佐与卡奇·基拉伊共同当选20世纪最佳排球运动员。他是真正的传奇人物！教练胡里奥·贝拉斯科（Julio Velasco）发现了他，并根据他的长处调整他在场上的位置，让他从二传手变为打边锋。他参加了306场比赛，是20世纪90年代意大利国家队的"现象级人物"之一，给全世界留下了深刻印象。

尼古拉·格尔比奇（Nikola Grbić, 1973—   ）

尼古拉·格尔比奇目前是塞尔维亚国家队和维罗纳蓝排球俱乐部的教练。作为二传手，他的职业生涯辉煌璀璨，获得过各种奖杯。他在为南斯拉夫国家队效力时获得过奥运会金牌和铜牌。这样的成就非常人所能及！

名人堂

萨穆埃莱·帕皮（Samuele Papi, 1973— ）

　　每项运动似乎都拥有永不变老的运动员。萨穆埃莱·帕皮就是排球运动员中不受时间影响的佼佼者，直到 44 岁还保持着顶级水平。他的奉献精神令人叹服，他所获得的诸多奖牌，所摘得的金牌，让他成了璀璨的排球之星。

吉尔伯托·阿毛里·德·格多伊·菲洛（Gilberto Amauri de Godoy Filho, 1976— ）

　　吉尔伯托通常被人们称为吉巴，是巴西有史以来最出色的扣球手之一。他的职业生涯主要在巴西和意大利两队度过。自从 2016 年以来，他一直担任国际排联运动员委员会主席。他可不仅仅是球场上的大人物！

伊万·扎伊采夫（Ivan Zaytsev, 1988— ）

　　文身、叛逆的飞机头、狂野的眼神——这位球员是球场上的一道风景，他在进攻和发球时爆发出的强大臂力和不可阻挡的毅力，让人们为之叹服。伊万出生在意大利，但他的父母都是俄罗斯人，因此他被球迷称为"沙皇"，这个昵称完美地诠释了他驰骋球场的霸气。

威尔弗雷多·莱昂（Wilfredo León，1993— ）

威尔弗雷多·莱昂这位天赋异禀的排球健将，在群星璀璨的古巴球员中也有一席之地。他选择踏出国门到其他地方打球，这使得他无法为古巴国家队披挂上阵，因为这是古巴法律所禁止的。尽管有这样的遗憾，但有了手中的双护照，他还是可以在国际比赛中亮相。他在2019年首次身披波兰球衣参赛，为球迷们带来了惊喜。

蒂亚娜·博斯科维奇（Tijana Bošković，1997— ）

这位塞尔维亚球员是近年来升起的新星，注定要在排球史上留下浓墨重彩的一笔。蒂亚娜身高1.93米，体重80千克。她的扣球如同雷霆一击，可以改变比赛的进程。尽管年纪轻轻，但她已经在奥运会上获得了2枚银牌、2枚金牌，还获得了1枚欧洲锦标赛奖牌和1枚世界锦标赛奖牌。

5. 篮 球

　　19 世纪末，美国体育教授詹姆斯·奈史密斯（James Naismith）应邀为一些足球运动员的冬季训练寻找一项体育活动，篮球就是那时偶然发明的。第一场篮球比赛在 1891 年 12 月 21 日举行，比赛规则于 1892 年初制定，篮球运动就这样正式诞生了。从那时起，篮球运动就在美国流行开来，并在 1936 年成为奥运会比赛项目。10 年后，美国职业篮球联赛（NBA）成立，NBA 联赛至今仍吸引着全世界的球迷！

数字与大小

* 篮球场是长方形的，长 28 米，宽 15 米。球场地面可以用木头、橡胶或合成材料铺设，并用线条画出比赛场地。
* 球场内的不同区域也是用线条标示出来的。中线将球场均分成两半；此外还有中圈、罚球线、三秒区（篮筐附近的长方形区域）、三分线。

1

篮球比赛由两队各 5 名球员展开对抗。比赛中，换人次数不受限制，球员的比赛目标是将球投进对方的篮圈，以此获得分数，并尽力阻止对方球员得分。整场比赛持续 40 分钟，划分为 4 节，每节的有效上场时间都是 10 分钟。（NBA 联赛的全场比赛时间是 48 分钟，每节比赛时间为 12 分钟。）

2

在比赛中，每队都必须在 24 秒内完成一次进攻。如果未能上篮得分，就要将球权转给另一队。球转到另一队时，从零开始新一轮计时。但是，如果球触及篮圈后又回到投篮球队的手中，计时器会从 14 秒开始计时。

3

投篮命中的得分取决于投篮的距离。篮筐周围有一块用线画出的特定区域。如果从线外投篮命中，则得 3 分，在线内投篮命中得 2 分。如果球员犯规，对方队伍将获得一次罚球机会，罚球命中得 1 分。如果球员犯规 5 次（NBA 联赛规定为 6 次），就会被取消比赛资格，必须被替换下场。

4

如果两队在比赛结束时得分相同，则进入加时赛阶段。加时赛时长 5 分钟。如果加时赛结束时双方再次打平，就要再次加时，直到决出胜负为止。

奇闻趣事

现在我们在篮球场上看到的篮筐，通常都是由一个金属环和一个白色网兜组成的，然而在篮球刚刚诞生时，篮筐的样子并不是这样的，那时人们使用的是柳条筐。每次投进球，都得有人费劲地爬上梯子去把球从筐里捡出来！

说到篮球的诞生，就必须提到詹姆斯·奈史密斯，他是加拿大一位非常喜欢运动的老师。一年冬天，学生们在体育馆里上室内体育课，觉得特别无聊，于是一位老师请詹姆斯·奈史密斯为他们设计些新的活动，结果他灵机一动，发明了篮球！

在篮球比赛中，有时也会出现"乌龙球"（就是投进自家篮网）。与足球不同的是，篮球中的"乌龙球"只有在球员不是故意的情况下才有效。这一规则是在1962年的一场欧洲冠军杯比赛后定下来的，当时皇家马德里队对阵伊格尼斯·瓦雷泽队，为了避免在加时赛中输得更惨，就在比赛的最后几秒钟故意打了个"乌龙球"。这一战术虽然引起了巨大争议，却很奏效，皇马队在复赛中以较大的分差获胜，成功晋级下一轮比赛。

对了，你注意过NBA标志吗？据说那个剪影的原型其实是球员杰里·韦斯特（Jerry West）。

说到奥运会，美国是无可争议的篮球霸主。

美国男篮在 19 届奥运会中夺得了 15 次金牌，女篮则在 11 届奥运会中 8 次夺冠。

名人堂

卡里姆·阿布杜尔-贾巴尔（Kareem Abdul-Jabbar，1947—　）

　　卡里姆·阿布杜尔-贾巴尔从 1969 年到 1989 年一直活跃在 NBA 赛场上。他不仅是 NBA 历史上得分最多的球员，一共得了惊人的 38387 分，还是流行偶像。他在银幕上或多或少展示过自己的风采。在电影《空前绝后满天飞》中，他扮演了卧底的角色，让人们看到了他的另一面！

拉里·伯德（Larry Bird，1956—　）

　　拉里·伯德自称"弗伦奇里克的乡巴佬（The Hick from French Lick）"，是史上最伟大的球员之一。他的职业生涯都献给了波士顿凯尔特人队，为球队赢得过 3 次 NBA 总冠军。他与"魔术师"埃尔文·约翰逊（"Magic"Earvin Johnson）的竞争具有传奇色彩，但更令人感动的是他们在场外的深厚友谊。在拉里因背部伤痛被迫退役的那天，魔术师在自己的衬衣里穿了一件凯尔特人队的球衣，以此向他致敬。

"魔术师"埃尔文·约翰逊（1959— ）

把篮球运动员称为"魔术师"，原因只有一个：这位运动员能用篮球变出真正的魔术！埃尔文·约翰逊彻底改变了人们对控球后卫的认知。在此之前，这个角色只属于身姿矫健、动作敏捷的球员，而魔术师约翰逊的身高达到了2.06米。不幸的是，魔术师约翰逊不得不与一个相当难缠的对手进行斗争——艾滋病。但他并没有屈服，而是积极筹集资金进行艾滋病治疗的研究。他的魔术仍在上演！

迈克尔·乔丹（Michael Jordan, 1963— ）

许多人认为迈克尔·乔丹是有史以来最伟大的球员，他们并没有说错。在他的职业生涯中，这位身披23号球衣的传奇球员一共得到了32292分。他能轻松地挑战地心引力，完成非凡的跳跃扣篮，投进不可思议的三分球，因此赢得了"空中飞人"的美誉。尽管他也曾短暂地离开球场，但篮球始终是他的挚爱。

迪肯贝·穆托姆博（Dikembe Mutombo, 1966— ）

穆托姆博的全名长得让人印象深刻——迪肯贝·穆托姆博·穆坡伦多·穆坎巴·让-雅克·瓦穆托姆博。他出生在刚果，后来移民到美国，在赛场上展现了自己精湛的防守技巧。他每次盖掉对手投篮后都会清楚地表示"别想在我的地盘进球"。他是NBA得分第二高的封盖手，只要穆托姆博在场上，只要他不愿意，就没有人能得分！

名人堂

沙奎尔·奥尼尔（Shaquille O'Neal，1972— ）

沙奎尔·奥尼尔身高 2.16 米，体重 147 千克，鞋码 57。这样的身体条件，让他成为篮球场上最具统治力的球员之一。昵称沙克（也称大鲨鱼）的奥尼尔力大无穷，曾扣碎过很多篮板，因此也被称为"篮筐终结者"。奥尼尔赢得了 1 枚奥运金牌和 4 次冠军。他唯一的弱点在于罚球。不过他已经出类拔萃了，有弱点也不会影响他的傲人成绩。

马努·吉诺比利（Manu Ginobili，1977— ）

出生于阿根廷的马努·吉诺比利曾为意大利和美国效力，带领博洛尼亚维图斯队和马刺队获得了成功。在 2004 年雅典奥运会上，他率领阿根廷国家队赢得了奥运金牌，被誉为"黄金一代球员"。吉诺比利的职业生涯很长，直到 41 岁时才退役。

科比·布莱恩特（Kobe Bryant, 1978—2020）

科比的 NBA 职业生涯都献给了洛杉矶湖人队，他带领湖人队 5 次夺得 NBA 总冠军，并随美国国家队两次获得奥运会金牌。他还跨界获得了奥斯卡奖！他参与制作了一个动画短片，灵感就来自他对篮球的热爱和告别。作为胜利的代名词，科比没有浪费这个机会，而是成功地为他的荣誉簿再添一章。

勒布朗·詹姆斯（LeBron James, 1984— ）

勒布朗·詹姆斯被誉为"天选之子"，早在高中时，就因为惊人的球技吸引了成千上万的观众，"天选之子"这个称号太适合他了。他身体强壮、多才多艺，能跳起 1.5 米，把球轻松投进篮筐。他的童年也有坎坷，但篮球给他带来了最大的满足感。

凯文·杜兰特（Kevin Durant, 1988— ）

凯文是名副其实的 NBA 总冠军，但他的才华不止于此，在篮球场外他也获得了成功。他爱好广泛，不仅为一家著名的体育报纸撰写文章、拍摄照片，还擅长制作 YouTube 视频，拥有数百万播放量。他无疑是一位真正的全能选手！

6. 网 球

体能、精确、敏捷、协调、战术、身体对抗、心理素质……你想到过吗，一项运动竟然会涵盖如此之多的元素，甚至有些复杂？这项运动就是网球。一名优秀的网球运动员必须在以上这些方面全都表现出色。而最难的一关，就是培养心理抗压能力。只有在一场又一场的比赛中不断磨炼，才能学会如何调整心态，应对压力和情绪。你不妨试试打网球吧，这会是难忘的体验！

数字与大小

• 网球比赛在一个长方形球场上进行，球场长为 24 米至 25 米，宽约为 11 米，其中包括长度为 1.37 米的双打球道（只有在双打比赛中才会启用）。

• 球网的中央高度是 0.914 米，网柱位置的球网高度是 1.07 米。在球网的两侧各有两条平行线，一条距离球网 6.40 米，另一条（发球线）距离球网 5.49 米。

• 网球是由橡胶制成的，表面覆盖着一层毛毡，颜色通常为黄色，直径在 6.54 厘米至 6.86 厘米之间，质量在 56 克至 59.4 克之间。

比赛规则

1

网球的主要击球方式包括：正手、反手、发球和截击。

正手击球：在球弹起后，向球员的右侧击球（左撇子球员的击球方向则是左侧）。

反手击球：向球员的左侧击球（左撇子球员则向右侧击球）。可以用单手或双手握拍来完成击球。

发球：球员站在底线后方，把球抛向空中，然后用球拍击球，将球送至球场另一侧。球员有两次连续击球的机会，如果两次击球都失误，则被称为"双误"，将判对手得 1 分。

截击：在球越过球网弹向自己一方场地但尚未落地时，在空中击球。

网球比赛的目标就是将球送到对方球场，使球触地，让对手无法击到球。如果对手未能成功将球送过网或者未能回击，你就会得到 1 分。只有球在空中，或者球反弹起来时，才能用球拍击球。

2

每场网球比赛都分为几盘，每盘至少由 6 局组成。比赛双方谁先胜 6 局，并且至少比对手多胜两局，就赢得一盘。因此，双方如果打到 5∶5，就必须继续打到 7∶5，净胜两局者才能获胜。但在打到 6∶6 时，除非赛前另有规定，否则就会有一个抢七局，一方可以以 7∶6 的比分获胜。网球比赛采用的是 "15" "30" "40" 和 "胜" 的计分方式，胜利的一方至少有两分的优势分。如果双方的比分是 40∶40，则以优势方胜出，也就是说，最先获得两分优势的一方将获得胜利。有点让人困惑吧？哈哈，也许在打网球时需要准备个计算器。

3

到底什么是 "抢七" 呢？当两名选手各赢 6 局，打成平手时，就会进行抢七比赛。在这种情况下就不是按 15、30、40 的计分方式，而是使用正常的数字序列，也就是 1、2、3 等数字来计分。就如同刚刚提到的那样，第一个获得 7 分，并至少比对手多出 2 分的一方就是获胜者。

4

网球比赛在长方形场地上进行，场地被球网一分为二，两名球员（或两对球员）各占一边。他们每人使用一个球拍，击打一个网球。没错，就是那个黄色的球！

5

41

奇闻趣事

在职业网球比赛中总是会使用新球。前 7 局比赛结束后会更换一次新球，之后每 9 局都会更换新球。在网球比赛中，细节决定成败！

罗杰·费德勒　　　拉菲尔·纳达尔

安德烈·阿加西（Andre Agassi）在职业生涯中赢得了 8 个大满贯和 1 枚奥运会金牌。这位传奇运动员在被问及谁是他心目中最优秀的网球运动员时，会毫不犹豫地说出拉菲尔·纳达尔（Rafael Nadal）的名字。原因很简单，尽管罗杰·费德勒（Roger Federer）同样卓越，但他被对手击败的次数太多了。关于同一话题，拉菲尔的叔叔兼前教练托尼·纳达尔（Toni Nadal）也表达了自己的看法：他认为罗杰·费德勒才是最棒的！

为什么有些锦标赛会被称为"大满贯"（Slam）呢？"大满贯"一词其实来自桥牌游戏！据说，是记者约翰·基兰（John Kieran）首次将这个词用于网球领域，当时网球运动员杰克·克劳福德（Jack Crawford）正在参加美国网球公开赛的决赛，如果他能在此次决赛中获胜，就能将 4 项重要网球赛事的桂冠集于一身。基兰评价说，这样的壮举就相当于在桥牌比赛中实现了大满贯（桥牌大满贯可以获得大量积分）。"大满贯"这个词就这样从桥牌领域跨界到了网球领域，用来形容取得非凡的胜利。

网球比赛的场地多种多样，可以是黏土、草地、混凝土或其他人造场地，也可以是室内或室外场地。红土是欧洲和南美洲使用最广泛的场地类型。红土场地的特性在于能缓和比赛的节奏，因为它能让球在弹跳后降低速度，从而有利于选手从底线击球。草地是最传统的场地，尤其会用于温布尔登网球赛这一最著名的大满贯赛事。在草地上打网球，选手的击球速度必须特别快，因为球在草地上反弹的高度仅有几厘米！

与所有体育运动一样，网球运动中出现了一些出类拔萃的运动员，他们利用自己的天赋去发展心中热爱的事业。比利·简·金（Billie Jean King）无疑是其中的佼佼者：这位才华横溢的网球运动员勇敢地面对了网球运动和社会中的性别歧视，努力为女性网球运动员争取到了与男性网球运动员同等的奖金待遇和尊重。她运动生涯中的一个重要时刻就是与鲍比·里格斯（Bobby Riggs）对战，这场比赛被称为"性别之战"。她最终战胜了一向蔑视女子网球的对手，有力地回击了那些怀疑她和女子网球技术的人！

名人堂

比约恩·博格（Björn Borg，1956—   ）

比约恩·博格的职业生涯虽然短暂，却留下了耀眼的成绩。在年仅 26 岁时，他就赢得了 11 个大满贯冠军，功成身退，稳居网球界的奥林匹斯山之巅。他以冷静沉着著称，赢得了"冰人"称号。尽管奋斗之路并非一帆风顺，但他还是成了收入最高的球员之一，并使网球真正流行起来。

玛蒂娜·纳芙拉蒂洛娃（Martina Navrátilová，1956—   ）

这是个意志坚定的女人。尽管有人认为她的体质不适合打网球，但她毫不气馁，而是用汗水和坚持换来了优异的成绩。在赢得了所有大满贯赛事和 WTA 锦标赛之后，她并未停下脚步，直至 50 岁那年，她又一次捧起冠军奖杯后，才退出赛场，她职业生涯共获得 59 个大满贯冠军。

施特菲·格拉芙（Steffi Graf，1969— ）

这位德国选手擅长正手大力抽球，这足以让她获得"正手女皇"的美誉。她创造了一项难以超越的纪录：金满贯，在1988年那一年里，她赢得了所有大满贯赛事的冠军，同时还把1枚奥运会金牌收入囊中。她是天生的赢家，比赛平均获胜率高达90%！

约翰·麦肯罗（John McEnroe，1959— ）

约翰·麦肯罗的职业生涯拥有出色的开端：作为一名年仅18岁的业余选手，他参加了温布尔登网球赛，而且闯入了半决赛！他是出色的单打选手，但在双打赛场上同样表现出色，他总能帮助同伴发挥出最佳水平，成为他们最信赖的搭档。

安德烈·阿加西（1970— ）

安德烈·阿加西是具有叛逆精神的冠军。他不仅在一年内赢得了所有最负盛名的赛事，实现了职业生涯大满贯，还是首位在3种不同场地上夺得四大满贯的人。他赢得了奥运会金牌、ATP锦标赛冠军和戴维斯杯，是第一位获得金满贯的选手。他特立独行，不服从权威，也常常因此引起轰动。

名人堂

皮特·桑普拉斯（Pete Sampras，1971—　）

　　"手枪皮特"这个绰号并非浪得虚名。皮特·桑普拉斯曾以超过 200 千米 / 小时的速度"弹射发球"，震惊网坛。他是阿加西最强劲的对手之一，曾经 6 个赛季蝉联全球榜首。据说他年幼时在地下室偶然发现了一把网球拍，拿球拍把球弹来弹去，就这样开始了他的网球生涯。这样的故事更增添了他的传奇色彩。

罗杰·费德勒（1981—　）

　　"天王罗杰"的称号是费德勒在球场上赢得的，他完全有资格坐上网球王座。费德勒在所有大满贯赛事中赢得冠军头衔 20 个！他还连续赢得了 5 次温网和 5 次美网冠军，成为史上第一个达到这一成就的球员。他与纳达尔的对决更是创造了两人之间的 9 次大满贯决赛纪录！

维纳斯·威廉姆斯（Venus Williams，1980—   ）和塞雷娜·威廉姆斯（Serena Williams，1981—   ）

威廉姆斯姐妹用非凡的天赋和实力重新定义了女子网球。她们关系非常亲密，但又时刻准备挑战对方。她们在双打比赛中几乎无人能敌。

拉菲尔·纳达尔（1986—   ）

看到那飘逸的长发和飞扬的头巾出现在球场上，每个人都知道"红土之王"已经到来。他赢得了一枚奥运会双打金牌，也是网球历史上男运动员中两位金满贯得主之一。他与罗杰·费德勒之间的竞争充满传奇色彩：2008年温布尔登网球公开赛上，两人之间的决赛被认为是有史以来最伟大的比赛之一。

诺瓦克·德约科维奇（Novak Djokovic，1987—   ）

他风趣幽默、性格外向，时常模仿其他网球冠军，简直是个"喜剧演员"。然而一旦比赛开始，他就收敛起笑容，凭借出色的身体素质和心理抗压能力，在各种场地上所向披靡。他赢得过10次澳大利亚网球公开赛冠军、3次罗兰·加洛斯网球公开赛冠军、7次温布尔登网球公开赛冠军和3次美国网球公开赛冠军，是他那一代人中顶尖的球员之一。

1. 游 泳

　　游泳这项运动已有数千年的历史，甚至在古老的岩穴壁画中就刻画了游泳的情形。或许是为了嬉戏，或许是出于生存需求，或许是为了挑战自我，总之，人们总是想下水游泳，学着在水中漂浮和前进。游泳是最全面的体育活动之一，因为它调动了全身所有的肌肉，可以提升协调能力和呼吸的机能。自从石器时代以来，游泳的技巧、泳衣的样式、游泳赛事的组织显然都经历了很多变化。如今我们所熟知的游泳运动，实际上始于 18 世纪和 19 世纪的德国和英国，当时游泳俱乐部和游泳馆在这两个国家里纷纷涌现，那里的人们还举办了第一次游泳比赛。在第 1 届奥运会上，游泳被定为比赛项目之一。如今的游泳池里，运动员们犹如鱼雷一样在水中穿梭，以百分之一秒的微弱优势竞相刷新着纪录！

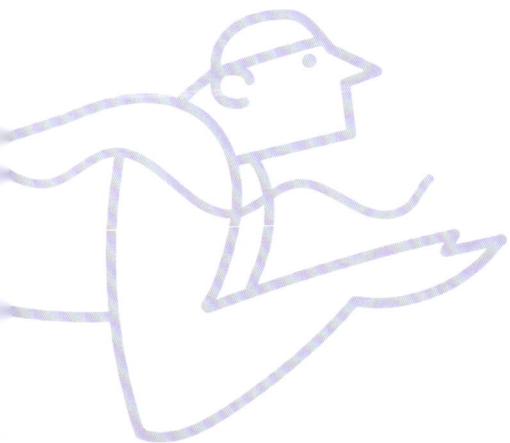

数字与大小

● 奥林匹克运动会上的游泳池长 50 米，分为 8 条泳道，每条泳道至少宽 2.5 米，从右到左编号。

● 游泳池的最小宽度为 21 米。

比赛规则

游泳有四种方式：自由泳、仰泳、蛙泳和蝶泳。每种泳姿都有不同长度的比赛，从 50 米、100 米到 200 米，一些自由泳比赛会达到 800 米和 1500 米。这算是长还是短呢？你可以想象一下公开水域的游泳比赛，其距离可以达到 5 千米、10 千米或 25 千米！

1

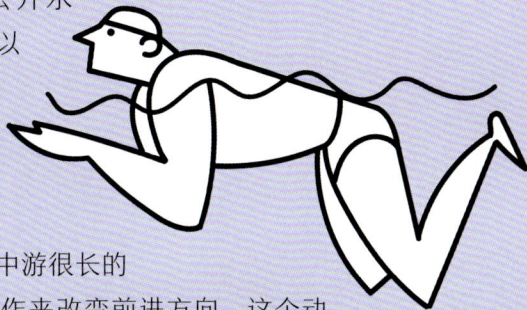

当游泳者需要在泳池中游很长的距离时，他们会做转身动作来改变前进方向，这个动作像是在翻跟头，也像是用手和脚推开终点的墙壁。这看似简单，但如果转身动作做得不好，就会耽误很多时间！

2

游泳也有接力赛，就是 4 名运动员依次接替，每人游 100 米、200 米或 400 米。接力赛通常采用自由泳或混合泳，即 4 名运动员分别采用不同的泳姿。为了正确地完成接力，游泳运动员之间必须配合默契。

3

游泳运动员必须在起点区等待裁判员发出比赛开始的信号，做好入水的准备。但是仰泳比较特殊，选手要在水中抓紧特殊的出发握手器，等待比赛开始。

4

有时会出现抢跳的情况——在裁判员宣布比赛开始前，运动员就急着跳到了水中！这种犯规情况发生一次没什么大不了的，第二次也还可以原谅，但到了第三次，抢跳的运动员就会被取消比赛资格！

5

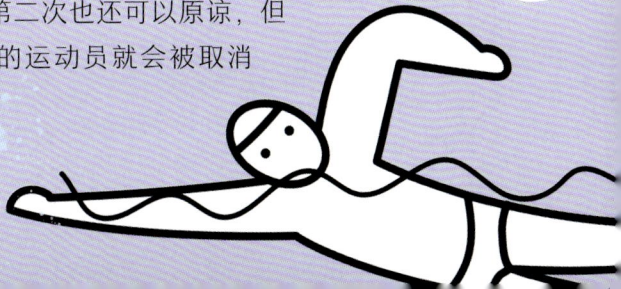

奇闻趣事

自由泳

蝶泳

蛙泳

仰泳

如今的游泳运动员习惯于在加了氯气消过毒的游泳池里竞逐，常规长度的游泳比赛都不例外。然而，以前的情况却并非如此，在1900年的巴黎奥运会上，游泳比赛是在塞纳河里进行的。

在1900年的巴黎奥运会上，还有两项相当特别的比赛。一项是潜泳，根据运动员在水下停留的时间和距离来计算得分，另一项是障碍赛，游泳运动员必须爬过一根杆子和一排小船，然后从小船下面游回起点。遗憾的是，这两个项目已经退出了奥运舞台。我们相信，即使在今天，它们仍会是激动人心的比赛，至少是独具特色的比赛。

在 4 种泳姿中，有一种拥有两个不同的名称，那就是蝶泳，也叫海豚泳。你觉得游泳健将看起来更像是优雅的蝴蝶，还是敏捷的海豚呢？

蛙泳是现代游泳比赛中最早采用的一种泳姿。随后，英国人将他们的游泳经验与南美洲当地人的游泳技巧相结合，发明了自由泳。

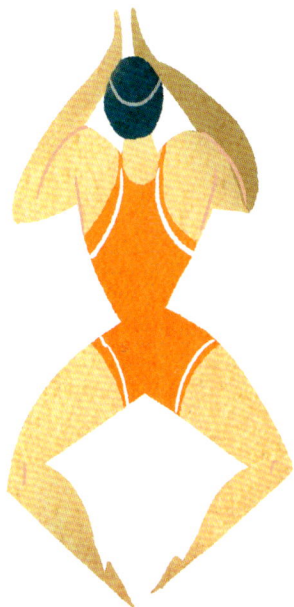

如今，专业运动员使用的泳衣是采用特殊材料和纤维制成的，这样的材料可以让他们全速游泳。但以前并非如此。时光倒流到 19 世纪，游泳运动员参加比赛时仍需穿戴整齐，女运动员甚至要穿鞋戴帽。

名人堂

约翰·"约翰尼"·韦斯默勒（Johann "Johnny" Weissmuller，1904—1984）

　　奥运会参赛选手有可能是著名演员吗？韦斯默勒给出了肯定的回答。他是同时代人中最优秀的游泳运动员，一共获得了5枚奥运金牌，创造了67项世界纪录。从泳坛退役后，他扮演了"人猿泰山"这一经典角色。就连该角色的创作者埃德加·赖斯·巴勒斯（Edgar Rice Burroughs）也十分认可他的表演。

阿卜杜勒拉蒂夫·阿布海夫

（Abdellatief Abouheif，1929—2008）

　　这位运动员出生于埃及，在英国接受教育，娶了一位希腊歌剧演员为妻。他在公开水域游泳中一举成名。他最长的一次游泳纪录是在密歇根湖不间断地游了135千米，用时34小时45分钟！

韦利科·罗戈希奇（Veljko Rogošić，1941—2012）

英吉利海峡、亚得里亚海、地中海……这位游泳健将游过了许多水域，他的耐力让人惊叹。但最让人佩服的是，他在格拉多和里乔内之间的水域连续游了225千米，中间没有停歇，也没有用脚蹼！韦利科一生都在坚持游泳，甚至在过完60岁生日后还参加了长达几十小时的马拉松赛！

伊恩·索普（Ian Thorpe，1982—　）

这位绰号"鱼雷"的澳大利亚游泳选手，在16岁零10个月时就打破了世界纪录，成为创造世界纪录最年轻的选手。他一共创造了23项世界纪录。虽然早早退役，但他取得的成绩无人能及！

迈克尔·菲尔普斯（Michael Phelps，1985—　）

迈克尔·菲尔普斯，这个名字你一定听过。这位游泳运动员已经成了传奇：他是有史以来获得奖牌最多的奥运选手（23金、3银、2铜）。仅在2008年北京奥运会上，他就获得了8枚金牌，创下了单届奥运会获得奖牌最多的纪录。他也是第一位连续4届奥运会在同一项目上夺冠的运动员。人们称他为"飞鱼"，真的是名不虚传。

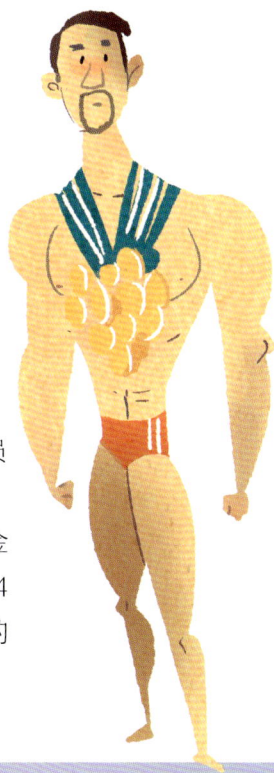

名人堂

塞萨尔·奥古斯托·小西埃洛（César Augusto Cielo Filho，1987—　）

　　9 岁时，小西埃洛就开始研究偶像的视频，尝试模仿他们的技巧。这位巴西游泳运动员的梦想就是登上最高领奖台。他成功了！他是唯一一位在奥运会上获得游泳金牌的巴西人，还创下了自由泳 50 米和 100 米的纪录。

费代丽卡·佩莱格里尼（Federica Pellegrini，1988—　）

　　费代丽卡·佩莱格里尼是全球泳坛的女王，为女子游泳带来了新的动力。2009 年，她成为第一位在 4 分钟内完成 400 米自由泳，在 1 分 53 秒内完成 200 米自由泳的女性。她以 1 分 52.98 秒创下的 200 米自由泳纪录至今无人打破！

莎拉·舍斯特伦（Sarah Sjöström，1993— ）

这位年轻的瑞典游泳运动员擅长蝶泳和自由泳项目，保持的世界纪录不少于 6 项，其中最著名的是在 2014 年瑞典锦标赛上创造的 50 米蝶泳纪录。当时她用 22 次划水游完了全程，用时 24.43 秒，以 1/64 秒的优势打破了之前的纪录。

卡汀卡·霍斯祖（Katinka Hosszu，1989— ）

要想获得"铁娘子"的称号，必须具备超凡的耐力。卡汀卡·霍斯祖这位匈牙利游泳运动员一场接一场地参加比赛，一直保持着很好的成绩，体力的恢复速度令人惊叹。她擅长混合泳，是第一位比赛奖金超过 100 万美元的女游泳运动员。耐力必有回报！

凯瑟琳·吉纳维芙·莱德茨基（Kathleen Genevieve Ledecky，1997— ）

大家都友好地称这位运动员为凯西。凯西年仅 15 岁就开始创造世界纪录。作为美国年龄最小的奥运会运动员，她一人独揽了世锦赛 200 米和 1500 米自由泳项目的全部金牌。

8. 柔 道

柔道这种运动的历史并不长。它是一种新兴的体育运动，创立于 1882 年，直到 1964 年才成为东京奥运会的比赛项目。柔道注重高强度的身心训练，遵循创始人嘉纳治五郎（Jigoro Kano）所制定的指导方针。嘉纳治五郎的直系弟子和世界各地的柔道爱好者都为这项运动的发展做出了贡献。柔道比赛的目标非常明确，那就是击败对手、将对手仰面摔倒在地、使对手无法动弹地躺在地上，最好是使对手仰面摔倒，或迫使对手屈服，这样就可以获得胜利点，称为"一本"。

数字与大小

•柔道运动中使用的榻榻米垫子厚度至少有 4 厘米，面积至少为 196 平方米（边长 14 米至 16 米的正方形场地）。垫子中央约 100 平方米的区域是正式比赛区域，外框为外部安全区域。

比赛规则

13 m/43 ft

1 每次比赛开始时，两名运动员必须先向榻榻米外侧行正式鞠躬礼，然后在裁判员的指示下向对方行鞠躬礼。鞠躬完毕后，他们必须等待裁判发出正式开始的信号。比赛结束时运动员还要鞠躬。在这项运动中，遵守礼节是必须的！

2 正如之前所提到的，比赛的目标是用强有力的、有控制力的动作将对手摔倒在地，或者将对手按倒在地 20 秒，或者用特别有效的锁定迫使对手屈服，从而获得胜利分，即"一本"，一本胜即结束比赛。柔道比赛中还有一个半分，即"技有"，用于奖励成功但有缺陷的动作，或压制对手超过 10 秒但少于 20 秒的动作。但是两个技有不能合成一个一本！无论得分多少，一本总是胜过技有。这是由国际柔道联合会规定的，目的是让选手的技术更精湛，动作更加干净利落。

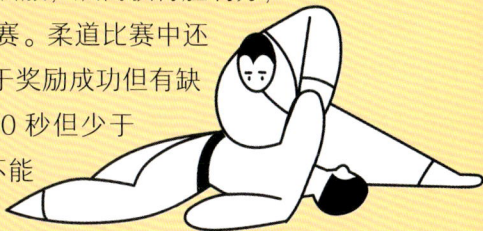

3 在正式的柔道比赛中有 3 名裁判员，包括一名裁判和两名角裁判。他们的职责就是确保比赛公平进行。必要时他们可以判罚，称为"警告"：一名选手 3 次受到警告就会被取消比赛资格，相当于自动认输。判罚可能针对身体犯规，例如踏出榻榻米区域或将手指插入对手衣袖。判罚也可能针对行为犯规，例如侮辱对方或做出其他不符合体育精神的行为。违背柔道精神的行为，例如无视裁判或将对手置于危险境地，会直接导致取消比赛资格。在柔道中，遵守纪律是相当严肃的事！

奇闻趣事

日语中的 JUDO 一词由两个汉字（日语书写中使用的字符）组成："柔"（JU，意为温柔、柔软）和"道"（DO，方式）。因此，柔道的字面意思是"温柔的方式"或"柔软的方式"。这是不是和你想象中的格斗运动不太一样呢？

柔道技术称为 waza，分为 3 种：Nage-waza，即投技，用于将对手摔倒在地（被认为是最重要的技术）；Katame-waza，即固技，用于将对手按倒在地；Atemi-waza，即当身技，分为用手臂打击和用腿打击。

柔道创始人嘉纳治五郎不仅武艺高强，而且学识渊博。他甚至还是一位教师。他的学生肯定是日本最守纪律的人！

固技

投技

当身技

获得柔道奥运冠军最多的国家自然是日本。然而出人意料的是，法国紧随其后，位居第二。在 20 世纪 20 年代，嘉纳治五郎的一些学生把柔道带到了法国，向法国人传授了柔道技术。从此柔道在法国流行起来，法国人也学到了最好的柔道技巧。

山下义韶（Yamashita Yoshitsugu, 1865—1935）

山下义韶是嘉纳治五郎的第 19 个学生，也是他的童年好友。山下义韶是第一位被授予柔道十段的人，尽管是在去世后才获此殊荣。他曾前往美国进行公开表演赛，引起了许多人的关注。就连西奥多·罗斯福总统都对他赞不绝口，还请他教自己柔道。不过山下义韶不是没脾气的人。他曾在一次格斗中单枪匹马击败 15 名怒不可遏的对手。这样厉害的人最好还是不要招惹！

福田敬子（Keiko Fukuda, 1913—2013）

尽管身材矮小，身高只有 1.5 米，体重只有 45 千克，但福田敬子是唯一一位获得讲道馆（嘉纳治五郎的官方柔道学校）九段和美国柔道联盟十段的女性。

泰迪·雷纳（Teddy Riner，1989—　）

泰迪·雷纳出生于安的列斯群岛，在巴黎长大，是一名法国柔道运动员。他身高 2.04 米，体重 136 千克。他曾获得 2 枚金牌，还获得了 10 次世界冠军。他在 2007 年首次夺冠，成为史上最年轻的柔道冠军。不过你绝对想不到，他的绰号居然是泰迪熊。

9. 竞技体操

　　你知不知道，体操是世界上最古老的运动之一？在古代，中国人、埃及人和迈锡尼人都曾练习体操，但是到了古希腊，体操的基本特征才开始成形。几个世纪以来，体操显然发生了很大变化。现在的竞技体操（以下简称"体操"）是从 1896 年开始发展和完善的，那一年它被列入第一届奥运会的比赛项目。这项运动不仅需要强大的体力，还需要优雅和沉着：要做到这一点当然非常不容易，但也并非不可能！

数字与大小

- 鞍马：高 115 厘米，长 160 厘米，宽 35 厘米。
- 吊环：直径 18 厘米，距地面 275 厘米，间距 50 厘米。
- 单杠：高 275 厘米，宽 240 厘米，直径 2.8 厘米。
- 双杠：长 350 厘米，距地面 200 厘米，间距 42 厘米至 52 厘米。
- 高低杠：长 240 厘米，高杠：高 245 厘米，低杠：高 165 厘米，双杠对角线长度：130 厘米至 180 厘米。
- 平衡木：高 125 厘米，长 500 厘米，宽 10 厘米。

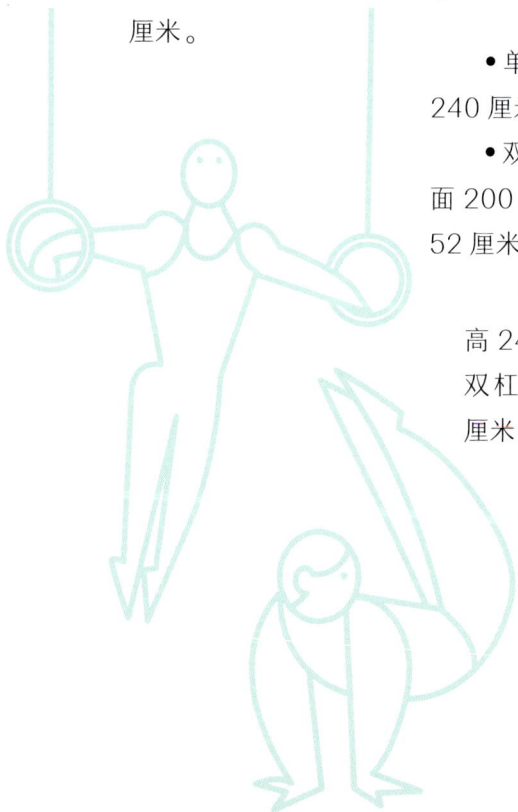

1 竞技体操包括各种专业项目：鞍马、吊环、单杠和双杠是男子体操项目，高低杠和平衡木是女子体操项目，跳马和自由体操是男子和女子共有的项目。每个项目都有特定的动作和精彩的杂技表演。我敢打赌，你肯定也曾想象过自己像蝴蝶一样翩翩起舞，自由旋转……

2 体操项目虽然各有不同，但都有共同的规则。首先，在做动作时摔倒，无论对于比赛结果，还是对体操运动员的背部，都是一场真正的灾难！

3 评委打分要根据两个标准：动作的难度和完成动作的精确度。

奥运会的体操比赛既有团体奖也有个人奖，比赛方法相当复杂。

比赛分为团体和个人资格赛、个人全能决赛、单项决赛、团体决赛。在个人资格赛的每个项目比赛中，每队派出5名队员上场，取4个最好成绩相加作为该项目成绩，各项目成绩相加作为团体成绩。在团体和个人资格赛中获全能成绩前24名的运动员参加个人全能决赛，以个人全能决赛成绩决定全能名次。在团体和个人资格赛中获各单项成绩前8名的运动员参加单项决赛，以各单项决赛的成绩决定单项冠军。在团体和个人资格赛中获团体成绩前8名的队伍可参加团体决赛。

4 每个国家还可以有两名"个人单项"体操运动员，他们可以正常参加个人或项目决赛的资格赛，但他们的积分不计入团体总分。

奇闻趣事

比赛时运动员必须全神贯注。运动员要完成为比赛准备的一套动作，队员和教练不得在选手做动作时为其加油鼓劲，否则会被记录在案。然而，这一禁令并没有得到严格遵守！

跳马使用的是 2000 年奥运会后发明的一种特殊器械。在此之前，跳马比赛使用的是一种非常不安全的器械，曾多次导致运动员发生意外。

运动员在上台之前，经常会在手上裹一层浅色粉末。你会不会感到好奇，想知道那是什么？那其实是镁粉，可以帮助运动员抓紧器械，防止手滑。

注意，不要把竞技体操和艺术体操混为一谈！虽然竞技体操和艺术体操都需要技巧与和谐，但它们是两项独立的运动，使用的器材和训练方式都是不同的。

名人堂

拉里莎·拉蒂尼娜（Larisa Latynina, 1934— ）

这位传奇的体操运动员，是史上获得奥运奖牌最多的女性，一共拿到了 18 枚以上的奖牌。无论参加哪种比赛，她都能至少获得一枚奖牌。退役后她成了一名杰出的教练。现在她结束了运动生涯，享受着当之无愧的安逸生活。

阿列克桑德·季佳京（Aleksandr Ditjatin 1957— ）

有些体操运动员专攻一个项目，有些则会尝试所有的项目。季佳京就是那种在体操领域无所不能的运动员。在 1980 年奥运会上，他摘得了 7 枚个人奖牌（2 金、4 银、1 铜），创下了在一届奥运会上独揽奖牌的纪录。

纳迪亚·科马内奇（Nadia Comǎneci, 1961— ）

罗马尼亚女运动员纳迪亚·科马内奇是体操领域的传奇。在 1976 年蒙特利尔奥运会上，年仅 14 岁的她就获得了体操史上的第一个满分 10 分。在 20 岁生日之前，她已经在个人项目或集体项目中赢得了 5 枚金牌、3 枚银牌和 1 枚铜牌。

尤里·凯基（Jury Chechi, 1969— ）

这位意大利运动员的绰号是"吊环王"。他是第一位在一个项目上连续获得 5 枚金牌的体操运动员。他曾在 1996 年亚特兰大奥运会上获得金牌。在 2004 年雅典奥运会上，35 岁的他又一次参赛并获得了铜牌。他是坚持不懈的真正典范。

西蒙娜·拜尔斯（Simone Biles, 1997— ）

她身高只有 1.42 米，却拥有出众的力量和敏捷性！ 21 岁时，她就已经在世锦赛和奥运会上获得了 19 枚奖牌。她不仅拥有以自己名字命名的体操动作，还凭借着坚定的决心成为大众偶像。谁知道未来还有多少领奖台在等着她呢！

10. 田 径

　　田径运动无疑是对自我极限的挑战，也是运动史上最经典的华章。最早的田径比赛可以追溯到《伊利亚特》和《奥德赛》的时代，那些勇敢的古希腊英雄在赛场上比拼，看谁的身体最强壮、身手最敏捷。我们现在谈论的田径运动涵盖了许多不同的项目，每一项都要求运动员付出艰苦的努力和长时间的训练，只有这样才能达到奥运会的参赛水平。其中一些项目，也就是我们常说的各种专项，经历了很大变化，另一些项目则与时俱进，发展成了现代运动。那些被纳入现代奥运会的项目为田径运动注入了新的活力，然而，无论发生了什么样的变迁，当运动员接近终点线时，人们的期待与激动始终如一。

数字与大小

　　• 必须至少有 8 条跑道，每条宽 122 厘米。
　　除了跑道，田径场必须包括一个或多个跳远场地、跳高场地、标枪、铅球、铁饼和链球投掷场地（铁饼和链球可共用投掷场地），此外还要有一个跳跃水池，也就是为障碍赛设置的障碍物和水坑。

比赛规则

1　　田径比赛共有 24 个奥运项目，大致可分为 4 类：跑步（短距离和长距离）、跳高（有杆或无杆）、投掷和混合项目。

2　　跑步比赛有 15 种，是田径运动的核心。比赛以米为单位：运动员在平地和无障碍环境中进行 100 米、200 米和 400 米（短跑）、800 米、1500 米和 5000 米（中长跑）以及耐力赛（10000 米、马拉松、20 千米和 50 千米竞走）。此外还有跨栏（110 米和 400 米），包括 3000 米障碍赛和接力赛（4×100 米或 4×400 米）。可以说，每届奥运会上都有很多不同千米的比赛！

下面是跑步比赛的一些规则：最重要的是不要抢跑（即在发令枪响之前起跑），否则会被立即取消比赛资格。在200米和400米比赛中，由于有弯道，为了公平起见，外道的起跑点要比内道的起跑点靠前，这样每位运动员跑的距离才会相同。

3

跨栏比赛需要跳过10个栏架，除非故意用手推或用脚踢倒栏架，身体其他部位碰倒栏架不算犯规，因为损失的时间本身就已经算是惩罚了。在接力赛中，团队成员必须手持并传递接力棒，接力棒只能在约20米长的交换区内由一名运动员传递给下一名运动员。

在跳远比赛中，运动员必须先从分隔跑道和沙坑的跳板上跳起。每个运动员必须跳3次，以其中最好的成绩为准。

4

在跳高或撑杆跳高中，目标是跳过放置在两根柱子之间的横杠而不撞掉它。每跳一轮，横杠就会升高一次。每轮比赛运动员都有3次机会。

5

最后要介绍的是投掷运动。它们都在一个直径为3米的圆形区域内进行，但是标枪除外，它有自己的特定区域。投掷物（铅球、铁饼、标枪或铁锤）必须落在圆圈前方用线标出的一定区域内。如果未落在该区域内，即使投得很远，投掷也无效。

6

此外，在投掷标枪时，标枪必须尖端朝下着地，而不是尾部先着地。

十项全能是一项混合项目，它的英文Decathlon源自希腊语。如其名称所示，该项目包括10个小项：100米跑、跳远、铅球、跳高、400米跑、110米栏、铁饼、撑杆跳高、标枪和1500米跑。所有这些都要在短短两天内完成！是不是想想就觉得累啊？

7

奇闻趣事

在所有国家中，美国在田径项目上获得的奥运奖牌数是最多的，而且相当多：截至 2020 年东京奥运会，美国总共获得了 825 枚奖牌！英国排名第二，获得 207 枚奖牌，与美国相比实在不算什么。

第 1 名：
美国

然而，因为田径项目众多，每个国家都有机会至少获得一枚奖牌。事实上，已有多达 96 个国家（包括那些已经不复存在的国家）获得过田径奖牌。

第 2 名：
英国

刚刚接触长跑的人也许会好奇，为什么运动员的行话里会提到跑道上的兔子。你肯定想不到，这里说的不是耳朵长又长的可爱小兔子，而是长跑配速员或领跑员。这些配速员在中长跑比赛的前半段起领跑作用，以免选手们一开跑就累得筋疲力尽，配速员设定的跑步节奏可以确保热门选手在最后阶段取得好成绩，避免比赛变得过于战术性。

谈到**掷锤**，大家可能会以为这是把家里用来钉钉子的工具扔出去。实际上运动员投掷的是一种专门制作的重物，它的设计灵感来自发明这项比赛时使用的铁匠锤。有趣的是，只有苏格兰的**高地运动会**还在使用真正的锤子。

那么，3000米障碍赛又是怎么回事呢？它是如何问世的呢？这项比赛可以追溯到1850年，当时牛津大学的一些学生突发奇想，在3000米的赛程中设置了35个障碍，其中包括28个普通跨栏和7个后面有个水坑的跨栏。他们认为这样很有趣，而这项有趣的运动就这样诞生了。

名人堂

杰西·欧义斯（Jesse Owens，1913—1980）

在种族歧视盛行的时代，杰西·欧文斯在1936年柏林奥运会上勇夺4枚金牌（100米、200米、跳远和4×100米接力），成为璀璨的明星。他的卓越成就和勇气凝铸成体育精神和民权的象征，铭刻在人们心中。

芬妮·白兰克-柯恩（Fanny Blankers-Koen，1918—2004）

这位荷兰运动员年轻时喜欢多项运动，但不知道该专攻哪一项。最终她听从教练的建议，专注于田径运动，取得了非凡的成绩！她被誉为"飞翔的家庭主妇"，因为她不仅是两个孩子的母亲，还在田径场上展翅高飞。

埃米尔·扎托佩克（Emil Zátopek, 1922—2000）

　　有时运动员会因为一些有趣的细节而被记住。举例来说，扎托佩克曾经像火车一样笔直地、不停地奔跑，还像火车一样呼哧呼哧地喘气！因此，他被称为"捷克火车头"。在1952年赫尔辛基奥运会上，他完成了一项壮举：在跑完5000米和10000米比赛并夺冠后，他在最后一刻决定参加从未尝试过的马拉松比赛，而且也夺得了冠军！

彼得罗·门内亚（Pietro Mennea, 1952—2013）

　　被称为"南方之箭"的彼得罗·门内亚，是200米短跑运动员中的佼佼者。他不止一次突破20秒大关，还打破了19.72秒的世界纪录。这项纪录保持了17年，是一项超级纪录！

哈维尔·索托马约尔（Javier Sotomayor, 1967—   ）

　　这位古巴运动员在年轻时就已崭露头角。他以21次跳过2.4米的成绩在跳高史上创造了当时的纪录。

名人堂

赫苏斯·安赫尔·加西亚（Jesús Ángel García, 1969— ）

　　竞走运动员以坚忍不拔的毅力者称，赫苏斯更是展现了不懈的斗志。他曾 12 次参加田径世锦赛，是有史以来参加田径世锦赛次数最多的选手。从 1992 年巴塞罗那奥运会到 2020 年东京奥运会，他连续参加了 8 届奥运会。这就是永不放弃的精神！

叶莲娜·伊辛巴耶娃（Yelena Isinbayeva, 1982— ）

　　这位运动员从小就开始学习体操，可惜个子长得太高了，只好转行。她喜欢上了引入女子田径不久的项目：撑杆跳高。这是她职业生涯的转折点。她曾 3 次获得奥运会奖牌，4 次问鼎世界锦标赛，并轻松打破 5 米的纪录，她的进步令人惊叹！

艾莉森·米歇尔·菲利克斯（Allyson Michelle Felix，1985—　）

艾莉森·菲利克斯的高中队友都叫她"鸡腿"，因为她又高又瘦。不过这一称呼毫无贬低之意，只是表达了他们的惊讶之情，因为她瘦削的身材与她的速度形成了惊人的对比。事实上，她注定要取得超出常人的成就。在女子田径项目上，她获得了 6 枚奥运金牌，让其他人望尘莫及。

尤塞恩·博尔特（Usain Bolt，1986—　）

被誉为"闪电"的博尔特以其短跑成绩傲视群雄。他是史上最快的短跑运动员，以 9.63 秒的成绩跑完了 100 米。自从他在 2012 年创下短跑纪录以来，还没有人能超越他。但这位牙买加运动员并不自满，他还以 19.30 秒的成绩刷新了 200 米跑的纪录，并助力国家队打破了 4×400 米接力赛的纪录。

阿什顿·伊顿（Ashton Eaton，1988—　）

如果你是个精力充沛、热爱运动的男孩，除了十项全能，还有什么更适合你呢？伊顿在 2012 年奥运会上赢得了十项全能赛的金牌，而且他在全能赛中的表现往往与参加单项比赛的运动员不相上下。

11. 滑 雪

只要提及滑雪，我们眼前马上就会呈现一幅冬天的画卷：高高的山峰，皑皑的白雪，热腾腾的可可饮料，还有随处可见的小雪人。你准备好了吗？穿上暖和的袜子和靴子，戴好手套，让我们一起跳上缆车，登上白雪覆盖的山顶吧。

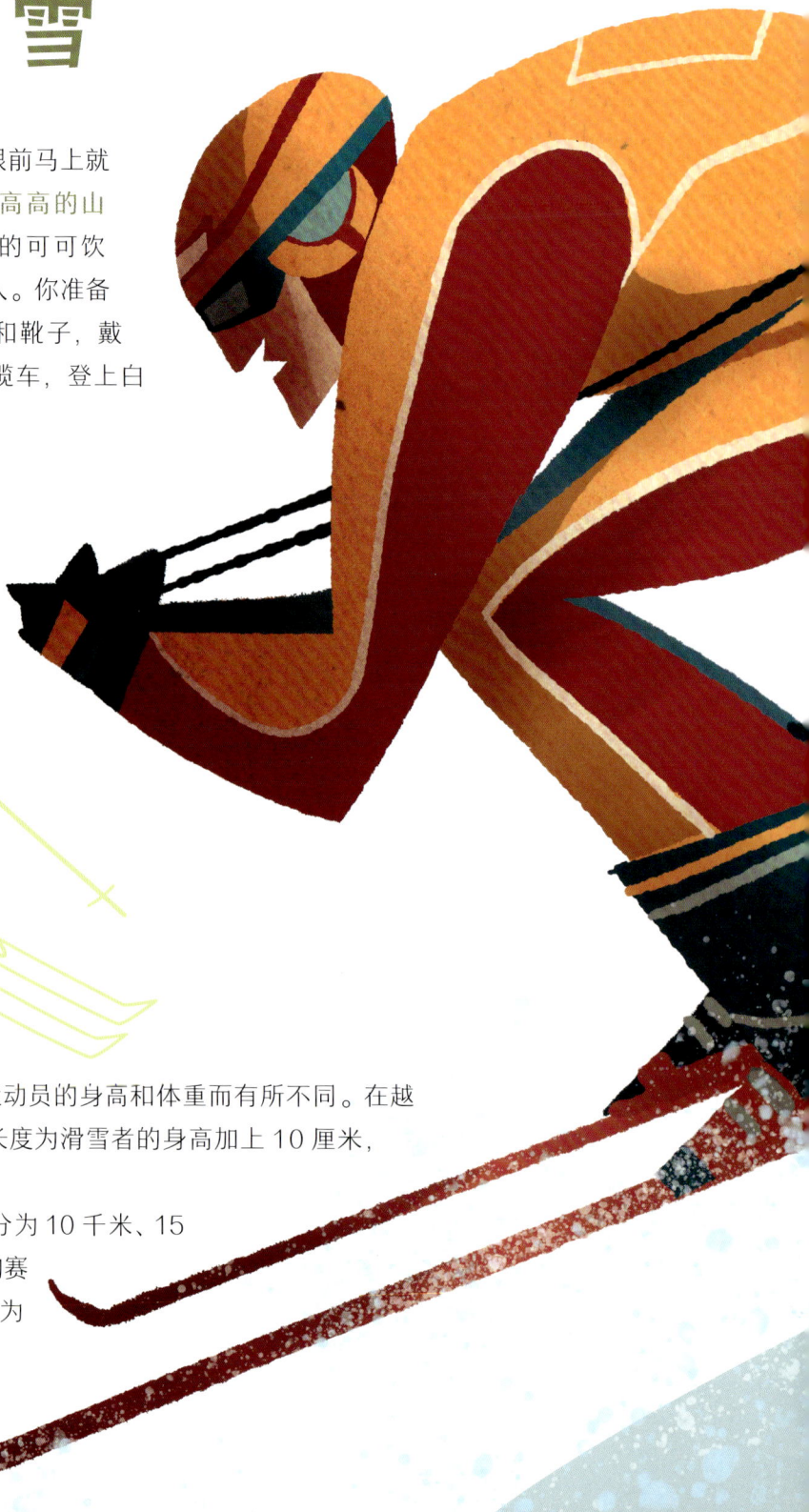

数字与大小

• 滑雪板的长度会因运动员的身高和体重而有所不同。在越野滑雪中，滑雪板的最小长度为滑雪者的身高加上 10 厘米，最大长度为 230 厘米。

• 男子越野滑雪比赛分为 10 千米、15千米、30 千米或 50 千米的赛程，女子越野滑雪比赛则分为5 千米、10 千米、15 千米或 30 千米的赛程。

① 高山滑雪是指滑雪者在覆盖着白雪的斜坡上滑雪，滑雪者使用的滑雪板通过固定鞋跟与特定的滑雪靴相连。

高山滑雪分为不同的项目：

滑降：这是真正的速度考验，运动员依次下坡，以最快的时间完成下坡的人就是获胜者。

大回转和小回转：在这两个项目中，滑雪者都必须"触碰"斜坡上的一组旗门；大回转的弯道更宽，难度更大。

超级大回转：这是介于滑降和回转之间的项目，技术要求最为复杂、速度最快。

平行大回转：这是一种两名滑雪者同时沿着平行路线进行的大回转。

混合式滑雪赛：该项目由速度测试（通常是滑降）和技术测试（通常是回转）组成。最终排名基于各单项比赛成绩的总和。

所有这些比赛项目都是在非常陡峭的斜坡上进行的，滑雪者会达到非常高的速度。

② 北欧滑雪指滑雪靴的鞋跟不固定在滑雪板上的滑雪运动，包括越野滑雪、冬季两项、跳台滑雪、北欧两项、滑雪旅行、滑雪定向、滑雪射箭和特里马滑雪。在大多数情况下，北欧滑雪在长距离平地滑雪与不同陡度的斜坡滑雪间交替进行。

③ 自由式滑雪又称滑雪杂技，将跳跃、障碍和编排好的动作引入高山滑雪中。1979 年，它被国际滑雪和单板滑雪联合会认定为正式的滑雪项目。这是一项只适合勇敢者的运动！

④ 单板滑雪于 20 世纪 60 年代在美国兴起，是将一块滑雪板固定在双脚上，完成各种高难度动作的运动。它很快就变得非常流行，并从 1998 年起成为独立的奥运项目。

奇闻趣事

在滑雪运动中，有一个项目独具一格，那就是登山滑雪。登山滑雪是在远离常规滑雪道的山上进行的，也就是野外滑雪。借助特定的滑雪板和止滑带，滑雪者既能上山，也能下山。在这一项目中，滑雪者还会遇到绵延的冰面和岩石，这时他们要使用登山杖、绳索和钉子，同时将滑雪板背在背上。

在所有非机动和非水上运动中，速度滑雪的速度是最高的。运动员需要从极其陡峭的斜坡上疾驰而下，在100米长的斜坡最低处记录速度。他们下滑的速度之快，足以让人看得直起鸡皮疙瘩，而那当然不只是因为寒冷！

249km/h

滑雪的历史非常古老，它在成为一项运动之前可能是人类最早发明的交通方式。在西伯利亚、斯堪的纳维亚和拉普兰发现的古代遗物表明，最早的滑雪板可以追溯到公元前2500年。人们在瑞典发现了一些保存完好的滑雪板。在挪威罗多伊的一块岩石雕刻上，可以看到大约公元前2000年的人类脚踏滑雪板的画面。那是最原始的雪橇！

并非所有滑雪板的长度都一样。有较短的滑雪板，它们被称为"大脚板"，也有用于跳台滑雪的超长滑雪板，有些滑雪板的长度甚至超出了滑雪者本人的身高！

名人堂

让·克洛德·基利（Jean-Claude Killy，1943—　）

　　他是第一位囊括世界杯所有项目冠军的运动员，第二位在同一届奥运会上赢得 3 枚金牌的运动员，在冬奥会历史上功勋卓著。然而他的才华并未止步于滑雪道，他还是一名赛车手和演员！

安娜玛丽·莫泽-普勒尔（Annemarie Moser-Pröll，1953—　）

　　安娜玛丽·莫泽-普勒尔是有史以来最伟大的女滑雪运动员之一。她是奥地利 1980 年冬奥会上的旗手，不仅获得了滑降和综合滑雪冠军，还 6 次赢得世界锦标赛冠军。她登上过所有高山滑雪项目的领奖台。

弗朗茨·克拉默 (Franz Klammer, 1953—)

　　绰号叫"恺撒·弗朗茨"的弗朗茨·克拉默是奥地利的骄傲，他被视为历史上最好的滑降滑雪运动员，在这个项目上赢得过 1 枚奥运会金牌和 5 次世界锦标赛冠军。

英厄马尔·斯滕马克 (Ingemar Stenmark，1956—)

　　英厄马尔·斯滕马克 1956 年出生于瑞典，很多人都认为他是有史以来最伟大的滑雪运动员。在 1974 年至 1989 年期间，他获得了 86 次世界杯冠军，是高山滑雪史上获奖最多的滑雪运动员。他还赢得了 2 次奥运会冠军、5 次世界锦标赛冠军、3 次世界杯总冠军和 15 次单项冠军。他的职业生涯如此辉煌璀璨，就连宇宙中都有一颗小行星是以他的名字命名的。

名人堂

阿尔贝托·通巴（Alberto Tomba, 1966—   ）

如果有人叫你"炸弹通巴"，那可能只是在调侃打趣。然而阿尔贝托·通巴获得这一绰号，完全是因为他在滑雪赛场上惊人的爆发力和成绩。他获得了 50 次世界杯冠军。没错，真的是 50 次冠军。他还获得了两枚奥运会大回转金牌和一枚小回转金牌，以及数十个其他奖项。他完全是冰雪世界中的传奇人物！

比约恩·埃伦迪尔·戴利（Bjørn Erlend Dæhlie, 1967—   ）

作为一名前越野滑雪运动员，比约恩·戴利不仅赢得了世界锦标赛的金牌，还斩获 8 枚冬奥会奖牌，6 次捧回水晶球奖杯，是他的祖国挪威的代表人物。

博德・米勒（Bode Miller，1977—　）

　　这位美国高山滑雪运动员的童年生活与众不同，他是与嬉皮士父母一起在没有电没有自来水的家中度过的，然而他获得了专业滑雪学院的奖学金，就此走上了滑雪之路。2002 年，在盐湖城冬奥会上，他取得了大回转和混合滑雪比赛的胜利。从此他的职业生涯一飞冲天，成为高山滑雪界仅有的 5 位在各项目中至少夺冠一次的传奇运动员之一。

林赛・沃恩（Lindsey Vonn，1984—　）

　　这位美国滑雪运动员是高山滑雪世界锦标赛夺冠次数最多的选手。她不仅在奥运会上摘取金牌，还 2 次称霸世界锦标赛获得金牌，4 次斩获总冠军，16 次夺得单项世界杯冠军。

马塞尔・希尔斯赫（Marcel Hirscher，1989—　）

　　1989 年出生于奥地利的希尔斯赫，是一名擅长回转和大回转的高山滑雪运动员。他在 2018 年平昌冬奥会上两次夺冠，获得过 4 次个人冠军，2 次团体世界冠军。不仅如此，他还获得过 3 次青少年世锦赛冠军、连续 7 次夺得世界杯总冠军，10 次夺得单项冠军（回转和大回转各 5 次）。要跟上他的脚步并非易事！

12. 击 剑

你是否曾恣意地展开想象，江湖中一群骑士身披闪亮的铠甲，手持锋利的宝剑，向对手发起决斗？往昔的击剑其实就是这样一种战斗方式。

然而时光流转，如今击剑已经变成一项体育运动，练习击剑不会再有被剑刺伤的风险。从战争工具到体育竞技的转型始于 17 世纪，当时意大利的击剑大师开始向世界各地的贵族传授击剑术。到了 1896 年，击剑入选奥运会的首批比赛项目。现在，世界各地都有热爱击剑的运动员，他们在重剑、花剑和佩剑项目中奋力拼搏，各展英姿。

数字与大小

- 花剑：全长 110 厘米，剑身长 90 厘米，重量不超过 500 克，剑身横断面为长方形；
- 重剑：全长 110 厘米，剑身长 90 厘米，重量不超过 770 克，剑身横断面为三棱形；
- 佩剑：全长不超过 105 厘米，剑身长不超过 88 厘米，重量不超过 500 克，剑身横断面近似长方形。

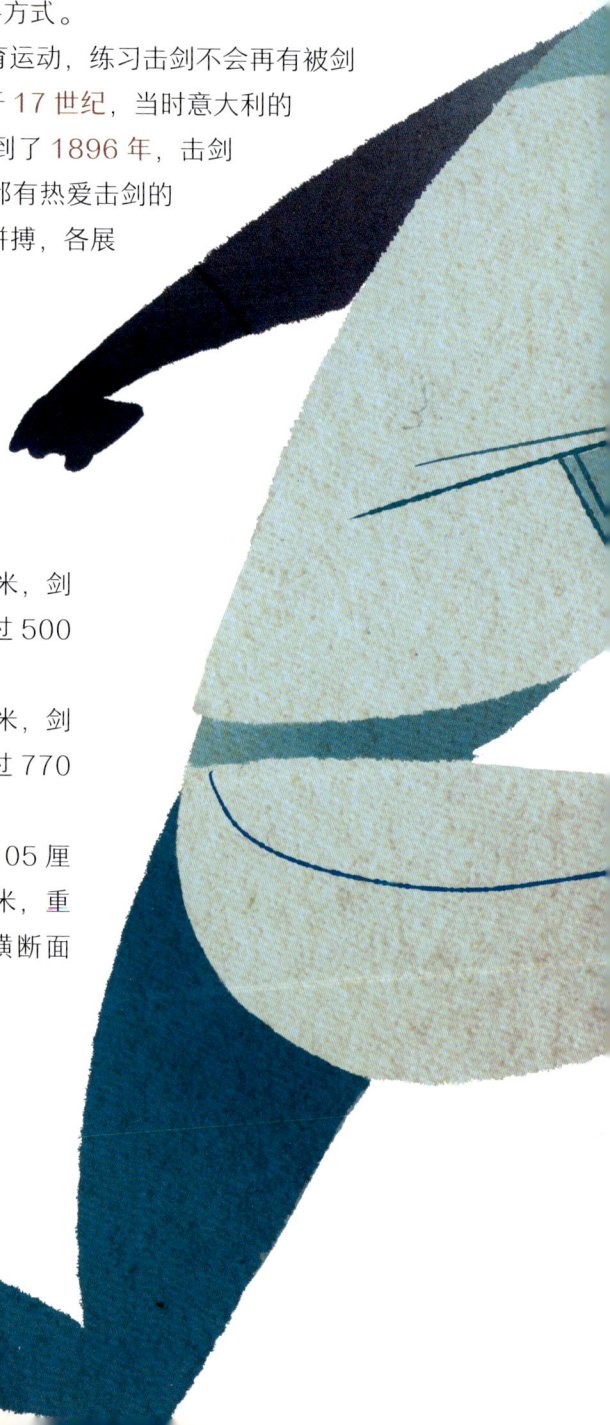

1 　　击剑运动使用的 3 种武器是花剑、重剑和佩剑。每种武器都有特定的动作和规则，特别是关于可以击中的身体部位，但共同的目标都是"刺中"对手，从而获得 1 分。谁击中对手的次数多，谁就获胜。

2 　　花剑是专门用于击剑训练的武器，只有花剑从未用于战场决斗。花剑的剑尖极细，因此非常适合训练精确的击打技巧。这也解释了为什么花剑的有效目标区域非常有限，仅限于从颈部到腰部的躯干，不包括手臂。击剑手也只能用剑尖攻击，而且必须尊重"先行权"，即谁先攻击，谁就优先于被攻击的一方，后者只能在抵挡攻击时反击。虽然这看起来就像是精心编排的芭蕾舞，但也肯定会在身上留下很多瘀伤。

3 　　佩剑源自骑士和骑兵使用的武器，因此它的目标区域更大，包括整个上半身，手臂和头部也包含在内。击剑手可以用剑尖或剑刃（即武器的侧面）攻击。"先行权"原则同样适用于佩剑比赛，所以必须迅速采取行动，先发制人。

4 　　重剑是与过去使用的武器最相似的一种。与花剑一样，重剑只能用剑尖击打，不同的是重剑比赛没有"先行权"。击剑手可以击打身体的任何部位，从头到脚都不例外。只有在重剑对阵中，双方可以有效地同时击打对方，双方的剑同时触碰到对方就被称为双触，双方都得 1 分。

奇闻趣事

花剑

佩剑

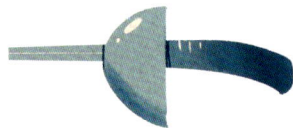

重剑

　　每种剑都有特定的握把设计，从而形成了不同的握剑方式。不论是法式、德式、意式握把，还是为完美握持而设计的手枪握把，都能成为击剑手掌控全局的重要因素。

　　与所有体育项目一样，击剑运动也有历史、文化和传统深厚的国家。意大利和法国在击剑领域尤其突出。事实上，正是意大利的击剑大师在世界范围内传播了击剑技术，而法国也产生了击剑的重要流派。这两个国家也是获得奥运击剑奖牌最多的国家，意大利获得了 129 枚奖牌，法国获得了 120 枚奖牌。

　　击剑手的服装都是洁白的，这是为什么呢？这是从剑术决斗中产生的习俗，剑术决斗比的就是谁先让对手流血。这意味着，在用真正的利剑进行的实际战斗中，哪怕有人只流了一丁点儿血，决斗也要结束。好在如今的击剑服一尘不染，而且能通过电子传感器检测到被剑击中的情况。

名人堂

罗杰·杜克雷（Roger Ducret，1888—1962）

这位法国冠军取得了不凡的成绩：他在三项击剑项目中都获得了奖牌！这一成就堪称史上最佳，因为这需要兼顾三种不同的击剑风格和三种不同的武器，显然是非常复杂的。金银铜牌他都得过，是法国历史上获得奖牌最多的运动员之一。

阿拉达尔·格雷维奇（Aladár Gerevich，1910—1991）

这位匈牙利击剑运动员是"漫长职业生涯"的完美典范。他参加了不下6届奥运会，并在每届奥运会上都获得了冠军。更值得一提的是，由于两次世界大战，他的职业生涯中断了很长时间，但他的影响力从未衰退。从1932年到1960年，佩剑比赛的世界只以格雷维奇为尊。

瓦伦蒂娜·韦扎利（Valentina Vezzali，1974—　）

作为有史以来最伟大的女子击剑运动员，瓦伦蒂娜·韦扎利曾赢得了3枚奥运会金牌和11次世界锦标赛冠军。她在连续3届奥运会上夺得金牌，为花剑历史奠定了基础。她还是队友们的优秀教练。这就是我们所说的真正的冠军！

13. 冰　球

你是否已做好准备，要在冰面驰骋，与冰球共舞，把冰球送进对方球门？冰球是一项考验**平衡与力量**的运动，你要在冰面上快速移动而不摔倒，同时还要防止对方抢走你控制的**冰球**。在向对方球门推进时，你还要为自己打造安全的空间。

尽管冰球源自寒冷地域，在满地冰霜的寒冷世界诞生和发展，但现代科技的发展让人们可以在任何地方建造光滑的冰场，因此在全世界都可以进行这项运动。你准备好戴上头盔，在冰球场上一展身手了吗？

数字与大小

- 冰球比赛在长 56 米至 61 米、宽 26 米至 30 米的长方形冰场上进行。
- 冰球场与看台之间由有机玻璃隔开，这是为了保护观众。冰球场的球门高 122 厘米，宽 183 厘米。
- 冰场用蓝色分区线划分为 3 个大小相等的区域：攻区、中区和守区。
- 中区被中线一分为二。
- 在中区边缘的两侧，是记录席、受罚席以及队员席。

1   冰球比赛的基本装备是一根带弯刀的球棍和一个冰球。运动员使用球棍推动冰球在冰场上移动，力图不让对方控制球，并设法将冰球射入对方的小网中，以此得分。

2   一场冰球比赛的总时长为 60 分钟，分 3 节，每节 20 分钟，两节中间各休息 15 分钟。这是指比赛的有效时间。比赛因各种原因暂停时，计时也会暂停。因此，实际上的比赛时间常会翻倍！

3   冰球比赛中没有平局。如果双方在常规时间内打平，就将进行加时赛，加时赛中一旦有人得分，比赛就会结束。如果加时赛仍未分出胜负，比赛将进入点球大战。因此，冰球比赛的结果不是赢就是输，没有第三种可能。

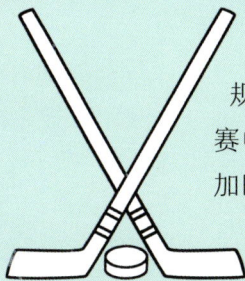

4   一支冰球队最多有 22 名队员，其中 20 名滑冰运动员和 2 名守门员，每队在一场比赛中派 6 人上场。球员必须穿戴齐全所有必要的装备，以此保护自己，防止在冰面摔伤，被锋利的冰刀割伤，被飞速的冰球击中或受到其他球员的冲撞而受伤。守门员也需要额外的特殊保护装备，因为对方最有力的射门往往都是对准他们的。

5   冰球场设有一个专门的"受罚席"，当球员因犯规而获得黄牌时，他们需要在此罚坐。当球员在比赛中犯规时，裁判会根据情况判断该球员需要离场多长时间，这会导致他们的队伍在场上少一人。

奇闻趣事

冰球在 19 世纪末成为规范化的体育运动，但是在那之前，用弯曲的棍子投掷物体的比赛就已经存在了，时间至少可以追溯到 17 世纪。这一点我们是怎么知道的？因为佛兰德斯艺术家在他们描绘乡村生活的画作中留下了线索！

冰球在**加拿大**尤为盛行，被誉为加拿大的国球。加拿大也是获得冰球冠军最多的国家，共获得了 26 次世界锦标赛冠军和 9 枚奥运会金牌。然而，在过去的几十年里，**俄罗斯和瑞典**也在不断挑战加拿大国家队的冰球霸主地位。

冰球有一些别具一格的变种。其中最奇特的无疑是水下曲棍球，参赛者要佩戴面罩和脚蹼。

名人堂

鲍比·奥尔（Bobby Orr，1948— ）

　　后卫鲍比·奥尔凭借自己在冰上的灵活性以及出色的助攻和得分能力，为后卫这个角色赋予了全新的定义。他抛弃了当时流行的防守方法，选择主动向前推进，而不是单纯地严防死守。可惜严重的膝伤让他不得不提前结束职业生涯。如今他已转型成为其他球员的经纪人。

韦恩·格雷茨基（Wayne Gretzky，1961— ）

　　这位加拿大人无疑是有史以来最伟大的冰球运动员。他一共打进 2857 球，创造了至今无人能破的纪录。他在连续 14 个赛季里得分从未低于100 分。作为一名球员，韦恩·格雷茨基拥有超凡的直觉，能够预测冰球的移动走向。由于他经常守在对方球门后面等待队友传球，球场的这一区域被世界各地的球迷戏称为"格雷茨基的办公室"。如今作为俱乐部的老板，他在冰球世界继续发挥着影响力。

14. 美式橄榄球

　　一项运动能有多少个名字呢？可能很多！就拿美式橄榄球来说吧。在它的起源国，它被人们简称为橄榄球；在英国，它被称为美式足球；在其他英语国家，它甚至被称为烤盘足球！但实际上这并没有改变什么，因为它们指的都是同一件事：一项使用椭圆形小球和护具，让球员看起来有点像宇航员的团队运动！

数字与大小

　　●球场宽48.77米（53.33码），长91.44米（100码），加上两个端区，各9.14米（10码），总长109.73米（120码）。球场中间有两组线，称为码标，以码为单位表示比赛数据。

　　●球场可以是真的草皮或人造草皮。

　　●Y形球门位于两端线上，用于任意球。所有锦标赛的横梁高度均为离地3.05米，立柱之间的距离为5.66米。立柱距横梁角的最小高度为6.1米。

1 比赛在两队之间进行，每队 11 人。比赛持续 60 分钟，分为 4 节，每节 15 分钟，第二节和第三节之间休息 15 分钟。

2 比赛的目的是抢占地盘。队员们沿着球场的码线前进，努力到达对方的端区，将球放置在端区，完成著名的达阵。

3 四分卫扮演着重要的角色。他们的投球极具观赏性，即使在电视上观看也会觉得激动人心。他们的任务就是把球准确传递给奔向端区的队友。

4 进攻方有 4 次进攻机会，他们要尝试推进 10 码以上的距离。在每次进攻中，进攻方只能在争球线外进行一次向前传球，而向后传球则没有限制。争球线是与球场短边平行的虚拟线，也就是比赛开始时球所在的位置。

5 一旦达阵成功，该队可获得 6 分和一次转换得分的机会，如果球被踢到门柱之间，则可获得 1 分额外加分，如果球被带入或扔进端区，则可加 2 分。

6 每次达阵后，比赛由得分队开球继续进行。这样，达阵失利的队就可以获得控球权并继续比赛。

奇闻趣事

美国国家橄榄球联盟中四分卫的最长传球距离是 90.5 米（99 码）。这样长距离的传球一共出现过 11 次，最近一次是在 2011 年，纽约巨人队的伊莱·曼宁（Eli Manning）成功地把球传给了维克多·克鲁兹（Victor Cruz），随后当然就是达阵。

四分卫

你肯定听说过无数次超级碗比赛。即使没机会亲临现场，也肯定会在电影或电视节目中见过。这是美国国家橄榄球联盟的冠军决赛。赢得这场比赛的队伍，基本上就被公认为世界冠军！

自 20 世纪 70 年代以来，美式橄榄球在北美地区一直是最受欢迎的职业运动。每场比赛均能吸引近 7 万名观众！

由于美式橄榄球是一项"高冲击力"运动，球员受伤的情况时有发生。想想吧，在 1905 年，由于当时的比赛规则还不完善，防护装备也不像现在这么有效，仅在一个锦标赛年中就有 18 名运动员因比赛受伤不幸离世，另有 150 名运动员受重伤。

名人堂

吉姆·布朗（Jim Brown，1936—2023）

  吉姆·布朗在 1957 年至 1965 年间是克利夫兰布朗队的跑卫，他被认为是有史以来最伟大的美式橄榄球运动员之一。他不仅在橄榄球上展现出运动天赋，还在篮球、棒球、长曲棍球和田径项目中表现出色。他在大学时期就已显露出非凡的运动能力。事实上，他是历史上为数不多的同时入选大学橄榄球名人堂和大学曲棍球名人堂的球员之一。在他短短 8 个赛季的职业生涯中，他的达阵得分不少于 126 次，跑动距离达 15549 码！最难能可贵的是，这一切都是他在 29 岁之前就做到的，随后他就退出了赛场。

沃尔特·佩顿（Walter Payton，1954—1999）

  沃尔特·佩顿被誉为"甜心"（"Sweetness"），并非没有道理。他是一名出色的球员，同时也是一个不可思议的人！作为芝加哥熊队的跑卫，他保持着多项历史最高纪录：冲刺码数、达阵次数、起跑码数、全场码数等等！他全身心投入橄榄球事业，在整个职业生涯中，他只在 1975 年缺席过一场比赛。

92

乔·蒙塔纳（Joe Montana，1956—　）

　　乔·蒙塔纳被公认为美国国家橄榄球联盟历史上最伟大的四分卫之一。他在 1990 年被《体育画报》杂志评为"年度最佳运动员"，又在整整 10 年后的 2000 年荣登职业橄榄球名人堂。在为旧金山 49 人队效力期间，蒙塔纳完成了 2929 次传球，跑动总距离达到 35142 码，达阵 244 次！这些令人叹为观止的数字，让他被载入美式橄榄球运动的史册。

艾米特·史密斯（Emmitt Smith，1969—　）

　　艾米特·史密斯以达拉斯牛仔队跑卫的身份开始了职业生涯，在同样著名的亚利桑那红雀队结束了职业生涯。他保持着美国国家橄榄球联盟的冲刺码数纪录：18355！他击败了自己儿时的偶像沃尔特·佩顿，创造了这项新纪录。他随红雀队赢得了 3 次超级碗比赛，是 20 世纪 90 年代真正的传奇人物。

汤姆·布雷迪（Tom Brady，1977—　）

　　汤姆·布雷迪曾是密歇根大学狼獾队的四分卫，后来成为新英格兰爱国者队的首发球员。他参加了 9 次超级碗比赛，获得了不少于 6 次的冠军！

著者简介

本书由玛丽娜·因韦尔尼齐（Marina Invernizzi）、西尔维娅·卡韦纳吉（Silvia Cavenaghi）和卡米拉·佩里佐利（Camilla Pelizzoli）共同编辑。三人同属于一家编辑机构 Langue&Parole，2008 年由玛丽娜·因韦尔尼齐和卢卡·潘泽里（Luca Panzeri）创立。多年来，该机构与多家出版商合作，设计小说、手册和绘本，进行原创创作或翻译。

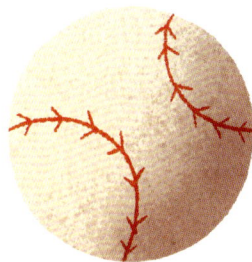

绘者简介

卢卡·波利（Luca Poli）与意大利很多知名的儿童图书出版公司合作，进行平面设计和插图绘制。他为很多图书创作过插图，并与多个平面设计工作室合作制作动画和广告。他从不回避新的艺术风格和交流方式，并把每个项目都视为探险。在为白星儿童系列的《图说体育》绘制插画时，他也展现出自己的风格。

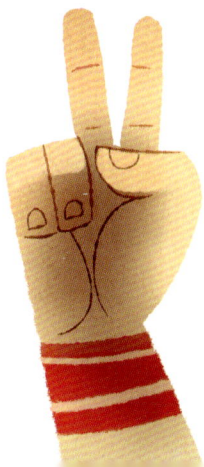

体育知识问答

答案在这里

1.亚洲。

2.棒球。

3.排球。

4.四种，自由泳、仰泳、蛙泳和蝶泳。

5.浅色粉末是镁粉，可以帮助运动员抓紧器械，防止手滑。

6.两天。

7.冰球。

你全都答对了吗？

图书在版编目（ＣＩＰ）数据

图说体育 ／（意）玛丽娜·因韦尔尼齐著 ；（意）西尔维娅·卡韦纳吉，（意）卡米拉·佩里佐利著 ；（意）卢卡·波利绘 ；郑佳宇译. —— 北京 ：中国友谊出版公司，2024.7

ISBN 978-7-5057-5911-4

Ⅰ．①图… Ⅱ．①玛… ②西… ③卡… ④卢… ⑤郑… Ⅲ．①体育运动-少儿读物 Ⅳ．①G8-49

中国国家版本馆CIP数据核字(2024)第110235号

著作权合同登记号 图字：01-2024-3099

White Star Kids® is a registered trademark property of White Star s.r.l.

© 2019 White Star s.r.l.

Piazzale Luigi Cadorna, 6 - 20123 Milan, Italy

www.whitestar.it

本书中文简体版专有版权经由中华版权代理有限公司授予北京创美时代国际文化传播有限公司。

书名	**图说体育**
作者	[意] 玛丽娜·因韦尔尼齐　[意] 西尔维娅·卡韦纳吉　[意] 卡米拉·佩里佐利
绘者	[意] 卢卡·波利
译者	郑佳宇
出版	中国友谊出版公司
发行	中国友谊出版公司
经销	新华书店
印刷	天津丰富彩艺印刷有限公司
规格	787毫米×1092毫米　16开
	6.75印张　120千字
版次	2024年7月第1版
印次	2024年7月第1次印刷
书号	ISBN 978-7-5057-5911-4
定价	78.00元
地址	北京市朝阳区西坝河南里17号楼
邮编	100028
电话	(010) 64678009

如发现图书质量问题，可联系调换。质量投诉电话：（010）59799930-601

出品人：许　永
出版统筹：林园林
责任编辑：许宗华
特邀编辑：李嘉木
装帧设计：李嘉木
内文制作：万　雪
印制总监：蒋　波
发行总监：田峰峥

发　　　行：北京创美汇品图书有限公司
发行热线：010-59799930
投稿信箱：cmsdbj@163.com